어떻게 '세상은 움직이는가?'
패턴으로 세상의 흐름을 읽다

패턴으로 세상의 흐름을 읽다

어떻게 '세상은 움직이는가?'

이영직 지음

smart business

머리말

패턴으로
세상의 흐름을 꿰뚫다!

사람들은 흔히 바둑을 인생의 축소판이라고 말한다. 인간의 삶만큼이나 경우의 수가 다양하고, 마음을 비워야 좋은 결과를 얻을 수 있다는 점이 서로 닮았다는 의미일 것이다. 바둑의 명언 중에 강안팔목岡眼八目이라는 말이 있다. 자신이 두는 바둑은 잘 보이지 않지만, 옆에서 구경하는 사람에게는 수가 잘도 보인다. 이유가 무엇일까?

바둑을 두는 당사자는 욕심이 앞서기 때문에 수가 잘 보이지 않는다. 잘나가던 바둑을 욕심 때문에 망치기도 하고, 이겼다고 방심하는 사이에 전세가 역전되기도 한다. 그러나 한발 물러나 구경하는 사람들에게는 바둑의 전체적인 그림이 보인다. 우리의 삶도 욕심을 부리면 대부분 일을 그르치게 된다. 실패하는 사람들은 거의가 욕심을 부린 경우이다. 따라서 삶의 설계도는 마음을 비우고, 긴 안목에서, 전체적인 흐름을 봐야 한다.

프로 기사들은 바둑을 둔 다음에 대부분 복기를 한다. 자신들이 두었던 수를 순서대로 완벽하게 재현해낸다. 복기를 해보면 나의 패인이 상대방이 잘해서가 아니라 자신의 욕심 때문이라는 것을 알 수 있다. 자신의 잘못을 깨닫기 위해 복기를 하는 것이다.

일반 사람들의 생각에는 300여 수에 달하는 바둑알을 정확하게 원래의 위치에 놓는 것을 보고 프로기사들은 기억력의 천재라고 생각할지 모르겠다. 하지만 기억력과는 아무런 상관이 없다. 바둑알을 놓은 위치를 기억하는 것이 아니라, 바둑판 전체를 하나의 '의미의 패턴'으로 인식한다. 따라서 한 수 한 수 신중하게 둔 바둑은 완벽하게 복기할 수 있지만, 성의 없이 둔 바둑은 복기가 쉽지 않다.

조훈현 9단이 다면대국을 할 때였다. 여러 사람과 동시에 바둑을 두는 것을 가리키는 말이다. 참가자 중 한 명이 조훈현 9단의 기억력을 시험하기 위해 자신이 놓았던 바둑알 하나의 위치를 살짝 바꾸어놓았더니 조 9단이 단박에 알아채고 제자리로 옮기더라는 것이다. 이처럼 바둑은 의미의 패턴이다.

노벨 경제학상 수상자 카네기멜론 대학의 허버트 사이먼 교수가 쓴 《인공과학의 이해》에는 서양 장기인 체스에서 실시한 재미있는 실험결과를 소개하고 있다.

체스 고수들에게 게임이 진행 중인 체스판을 5초 동안 보여주고 나서 이를 복원해보라고 했더니 완벽하게 재현하더라는 것이다. 그러나 체스판의 말을 의미 없이 배열했을 경우에는 절대로 복원하지 못했다. 이 역시 체스판을 하나의 의미의 집합, 즉 패턴으로 기억한다는 말이다.

그에 의하면 체스에서 나타날 수 있는 패턴의 종류는 대략 5만 가지이며, 이의 패턴을 익히려면 1만 시간 정도의 노력이 필요하다. 하루 3~4시간씩 노력한다고 하면, 대략 10년의 기간이 필요하다는 이야기가 된다. 그 정도의 노력을 기울이면 패턴이 보인다. 그보다 훨씬 더 복잡한 바둑이라면 10만 가지가 넘는 패턴이 있지 않을까 생각된다.

이 책은 '패턴'에 관한 이야기이다. 패턴pattern이란 사전적으로는 일정한 형태, 유형, 양식 등이 일정한 주기로 배열되는 것을 가리킨다. 반복, 대칭, 순환구조를 가지는 것은 모두가 패턴이다. 목욕탕의 타일이나 벽지는 반복되는 패턴이고, 나비의 아름다운 날개는 반듯한 좌우 대칭 패턴이다. 순환의 의미로서는 여름철이면 우리나라를 찾는 태풍이라면 강도의 차이는 있으나 거의 유사한 모습, 유사한 주기의 패턴이다.

　패턴이란 어떤 형태, 유형, 양식 등이 만들어내는 규칙적이고 반복적인 현상을 말한다. 우주에서, 자연계나 인간이 만들어가는 사회 현상에서, 인간이 고안한 언어·수학·과학·예술과 같은 추상세계에서도 발견된다. 자연뿐만 아니라 사람들이 만들어가는 세상은 복잡하기 그지없다. 그러나 비슷한 것들끼리 분류하고 같은 의미를 가진 것들끼리 묶으면, 의외로 단순한 몇 가지 형태로 나누어진다.

　자연계의 구조, 생태, 패러다임, 사회 현상, 인간 행동과 심리, 인간의 언어와 습관까지 모두 패턴을 가지고 있다. 우리가 알고 있는 바둑, 축구, 유행, 클래식, 프랙탈, 트리즈, 빅 데이터 등도 모두 패턴을 가지고 있다.

　패턴의 핵심은 반복과 대칭이다. 어떤 것이든 반복되는 행위는 패턴을 만들어낸다. 이 반복되는 패턴을 이해하면 세상을 바라보는 새로운 세계관을 가질 수 있다.

　어느 분야든 깊이 몰입하면 패턴이 보인다. 한의학을 공부한 사람들은 사람의 걸음걸이만 보고도 그 사람이 앓고 있는 병을 거의 진단할 수 있고, 구두 수선공들은 구두가 닳은 모양만 보고도 그 사람의 성격과 체질을 알 수 있다고 한다.

　유명한 추리소설 작가 시드니 셀던은 그의 작품에서 사기꾼들의 전형을 말하고 있다. 돈과 여자를 주어보라고 말한다. 그러면 80%의 사람들은 걸려든다. 여기서 빠져나갈 사람은 거의 없다고 한다. 숙련된 수사관들은 자신이 범인이 아니라는 이유를 아주 그럴싸하게 제시하는 사람이 대부분 범인이라고 한다. 완벽함 속에 오히려 허점이 있다는 것이다.

　이제 패턴으로 세상을 읽자. 패턴의 관점에서 우리 삶의 과거와 현재 그리고 미래를 내다보자. 세상의 패턴을 읽을 수 있다면 훨씬 더 '아름다운 삶을 만들어갈 수 있지 않을까' 하는 생각이다.

머리말 | 패턴으로 세상의 흐름을 꿰뚫다! · 4

자연계 패턴

대칭구조 · 13 | 언어와 습관의 패턴 · 19 | 패턴의 구성요소 · 23 | 규모의 대칭, 프랙탈 · 25 | 형태장 이론 · 27

사회적 패턴

정규분포 · 32 | 멱함수의 법칙 · 34 | 피드백 · 37 | 카오스 · 42 | 유행 · 46 | 범죄 · 50 | 전염병 · 52 | 임계치 · 57 | 시스템 붕괴 · 68 | 닫힌 사회와 열린 사회 · 72 | 패러다임의 차이 · 77

사고적 패턴

순환소수의 마술 • 84 | 가우스의 덧셈 • 90 | 가정법 • 93 | 논증 • 96 | 귀류법을 응용한 사유 연습 • 107 | 수평적 사고 • 110 | 수평 네트워크 • 113 | 직관적 사고 • 119 | 천재들의 문제 해결법과 공통점 • 126 | 게임 이론 • 131 | 혁신적 문제 해결 패턴, 트리즈 • 135

생태학적 패턴

패턴이 무너지면 세상은 없다 • 140 | 규모가 다르면 본질도 다르다 • 145 | 자기조직화 • 152 | 공명 • 161 | 천재들은 동시다발적으로 등장한다 • 165 | 집단사고의 함정 • 170 | 집단의 광기 • 175

성장과 몰락의 패턴

성장 패턴 • 181 | 경기순환 패턴 • 186 | 기업의 변신과 몰락 • 189 | 수명과 성장의 속도 • 201 | 외부의 적 • 213 | 자본주의 1.0에서 자본주의 4.0까지 • 214

진화의 패턴

진화 • 226 | 윌리엄스 대주교와 도킨스의 논쟁 • 236 | 공진화 • 238 | 종의 분화 • 240 | 단속평형 • 241 | 환경과 종의 다양성 관계 • 247 | 인류의 발전도 단속평형 • 252

인간의 본질과 행동 패턴

그리스적 사유의 탄생 • 257 | 대립과 갈등 그리고 로고스 • 261 | 유위와 무위 • 267 | 이분법을 넘어서 • 272 | 햇빛 아래 쓰는 역사, 달빛 아래 쓰는 역사 • 275 | 그리스 비극의 원형, 오이디푸스와 안티고네 • 281

· 세상 읽기 시크릿 01 ·
자연계 패턴

　패턴이란 어떤 형태, 유형, 양식 등이 만들어내는 규칙적이고 반복적인 현상을 말한다. 우주에서, 자연계에서, 인간이 만들어가는 사회 현상에서, 인간이 고안한 언어·수학·과학·예술과 같은 추상세계에서도 발견된다.
　패턴의 가장 중요한 요소는 대칭성, 반복성, 주기성이다. 우리가 살고 있는 태양계와 우주는 타원이라는 대칭구조를 그리면서 주기적으로 순환하는 패턴이다. 달은 지구를 돌고 지구는 태양을 돈다. 한편 태양은 다시 은하계를 돈다. 지구가 태양을 도는 데에는 1년이 걸리지만 태양은 2억 5천만 년을 주기로 은하계를 공전한다. 우주는 어떤 의미에서는 반복적인 패턴이 순환되는 리듬이다.

자연계의 패턴들은 대부분 대칭구조로 이루어져 있다. 동식물의 대부분이 좌우 대칭구조를 이루고 있다. 나무의 잎줄기와 가지, 꽃잎, 나비와 곤충, 동물들이 모두 좌우 대칭구조를 이룬다. 그 이유를 중력 때문이라고 한다. 중력에 의한 좌우 쏠림 현상을 막기 위함이라는 것이다. 그래서 사람들도 대칭구조에 익숙해 있고 대칭구조에서 안정감과 아름다움을 느낀다. 생명체는 물론 무생물 중에서도 대칭구조를 이루어진 것이 많다.

대칭에는 점대칭, 선대칭, 거울대칭, 규모의 대칭으로 불리는 프랙탈 등의 형태가 있다.

: 대칭구조

눈송이는 완벽한 6각형 대칭구조를 하고 있으며, 벌집도 6각형 대칭을 이루고 있다. 이들이 6각형 대칭을 이루는 것은 '에너지 절약의 법칙' 때문이다. 영국 옥스퍼드 대학의 수학자 마커스 드 사토이 교수는 자연이 갖는 대칭구조는 '에너지를 가장 적게 쓰는 구조'로 진화한 결과라고 풀이한다. 벌들이 집을 지을 때는 한정된 공간에서 많은 식구들이 살아야 하기 때문에 몇 가지 원칙이 있다.

1. 공간을 절약할 수 있는 구조
2. 재료가 적게 들어가는 구조
3. 무엇보다 안정된 구조

둘레가 일정할 때 공간을 최대로 하는 구조는 원이다. 그러나 여러 개의 원을 이어 붙일 경우 원과 원 사이의 공간이 낭비된다. 공간을 절약하기에 좋은 구조는 삼각, 사각, 육각뿐이다. 삼각은 공간에 비해 변의 길이가 길고 사각형은 일그러지기 쉬운 구조여서 안정성이 떨어진다. 공간과 재료의 절약 그리고 안정성이 가장 뛰어난 구조가 육각이다.

한 연구에 의하면 우리에게 이로운 약 성분 역시 거의 육각구조를 이루고 있다고 한다. 인삼과 도라지의 주요 약리 성분인 사포닌은 혈압 및 혈당조절기능, 강정 및 강장작용, 면역증진 및 항암작용을 하는 물질로 6각구조 7~8개가 서로 연결된 복합구조를 이루고 있다. 은행잎에서 추출하여 혈액순환 개선제로 사용되는 플라보노이드라는 물질 역시 6개의 6각형이 합쳐진 구조를 하고 있다.

우리가 매일 마시는 물도 살아있는 물과 죽은 물이 있는데, 살아있는 물은 6각 고리 모양의 구조를 형성하고 있다. 이 육각수가 우리 몸에 특히 좋은 물이라고 한다. 육각수 예찬자들은 이 물이 각종 질병의 예방작용은 물론 치료작용까지 한다고 말한다. 인체의 정상세포를 둘러싸고 있는 물이 바로 육각수라는 것이다. 병이 생겼다는 것은 세포 주위의 물 구조가 깨졌다는 의미이다. 이때 육각수를 공급해주면 세균의 번식을 억제하면서 질병을 예방해준다. 우리가 끓여서 마시는 물은 거의가 육각이 깨진 상태이다. 따라서 자연상태에서 얻은 물을 차갑게 마시는 것이 가장 좋다.

천체들이 모두 구형을 이루고 있는 것도, 타원궤도를 그리는 것도, 비눗방울이 구형을 이루는 것도 그것이 최소의 에너지로 이룰 수 있는 안정된 구조이기 때문이다. 해바라기의 씨앗이 좌, 우 나선형 대칭으로 빼곡히 배열되어 있는 것은 면적을 최대로 활용하기 위함이다. 가게에 진열된 사과는 4개가 한 묶음을 되어 있다. 아래에 3개, 그 위로 한 개를 얹어 놓은 구조이다. 그 사면체 구조가 가장 안전하기 때문이다.

반복되고 순환되는 것은 무엇이든 하나의 패턴을 이룬다. 예술 작품에도 회전체, 무한 공간 등의 개념을 도입한 작품들을 쉽게 찾아볼 수 있다. 네덜란드의 유명 판화가 모리츠 코르넬리스 에셔는 새, 물고기 등의 동물들을 대칭으로 배열하고서 이들을 무한적으로 반복시키는 구도로 작품을 만들었다.

그는 자신의 저서《무한 공간》에서 이렇게 적고 있다.

"수학자들은 지난 20년 동안 나의 작업에 상당한 영향을 미쳤다. 주변 현상을 관통하는 법칙, 질서, 규칙성, 주기적인 반복, 재생이 나에게는 갈수록 중요한 테마가 되었다."

고전음악의 아버지 요한 세바스찬 바흐는 개성이 강한 두 개의 패턴을 결합시키는 대위법을 즐겨 쓴 작곡가이다. 두 개의 멜로디를 결합하여 후속부가 일정 간격을 두고 선행부를 반복하는가 하면 이 둘을 위아래 한 옥타브 차이로 대비시키기도 하고 거꾸로 배열하기도 한다. 규칙성과 이의 반복적인 리듬이 아름다움을 창조해내는 것이다.

바흐의 골드베르크 변주곡은 아리아로 시작해 30개의 변주를 거쳐 다시 아리아로 돌아온다. 30개의 변주곡은 16변주곡을 분기점으로 두 부분으로 나누어지며 양 부분은 음과 음, 마디와 마디, 변주와 변주가 완벽하게 대칭되는 구조를 이룬다. 서로 다른 음색을 가진 각기 다른 건반이 동시에 같은 음역에서 교차되며 나타나는 음색의 표현, 양손이 교차하며 오른손이 건반의 아주 낮은 음역을 칠 때, 왼손은 아주 높은 음역을 치게 되는 고난이도 기술을 요하는 곡이다.

작곡가 바르토크는 현악기, 타악기, 첼리스트를 위한 곡에서 황금비율을 자유롭게 구사하고 있다. 첫 악장은 89마디 중 55번째 마디까지 올라가 정점을 찍은 후 산을 내려오듯이 줄어드는 구조이다. 55마디 앞부분은 34와 21마디 두 부분으로 나뉘고, 34마디는 다시 21과 13마디로 나뉜다. 뒷부분의 34마디도 13과 21마디로 나뉘어 황금비율을 그대로 적용했다. 헨델도 그러했다.

수학이나 과학의 그 많은 공식이나 법칙들은 자연계에 숨어 있는 패턴을 수학적으로 표기한 것이다. 천문학자 케플러는 자연의 수학적 패턴에 매료되었고 천체들의 운행 패턴을 찾는 일에 평생을 바친 사람이었다. 그는 당시까지 알려져 있던 6개 행성에서 행성의 공전주기와 태양과 행성까지의 거리 사이에서 절묘한 수학적인 패턴을 발견해냈다. 그리고는 마침내 행성의 궤도운동에 관한 3개의 법칙을 발견했다.

1. 모든 행성의 궤도는 태양을 초점으로 하는 타원궤도이다.

2. 태양과 행성을 잇는 직선은 항상 일정한 넓이를 훑고 지나간다.
3. 행성의 공전주기의 제곱은 궤도 긴반지름의 세제곱에 비례한다.

이 중에서도 가장 획기적인 발견은 행성의 타원운동이었다. 플라톤 이후 모든 사람들은 행성의 궤도는 당연히 반듯한 원이어야 한다고 생각했다. 관측의 결과라기보다는 마땅히 그러해야 하기 때문이었다. 심지어 지동설을 주장한 코페르니쿠스까지도 행성이 원운동을 하는 것으로 생각했다.

케플러 자신도 처음에는 원운동일 거라는 가설을 가지고 화성의 궤도를 연구했지만 공전각도가 원운동 각도에서 8분 정도의 차이가 났다. 그러자 원형일 거라는 가설을 버리고 정확한 화성의 궤도를 찾기 위해 900장에 달하는 가상궤도를 그린 끝에 타원궤도를 발견할 수 있었다. 행성들이 그리는 궤도는 타원이지만 이들이 단위 시간당 그리는 면적은 일정하다는 법칙을 발견해냈다. 이것으로 천체들의 운동 패턴을 수학적으로 표기하는 길을 열게 되었다.

명리학을 연구하는 사람들의 말에 의하면 사람의 운명에도 대략 50만 가지 패턴이 있다고 한다. 좋은 부모 만나서 젊은 날 세상이 다 내 것인 양 하다가 중, 후년에 거지가 되는 팔자가 있는

가 하면 그 반대도 있다. 일생 동안 좋은 운이나 일생 동안 나쁜 운은 아주 소수라고 한다. 모든 사람에게는 일생에 세 번 정도의 기회는 있다는 것이다.

: 언어와 습관의 패턴

필적감정 전문가들은 글자만 보고도 그 사람의 성격을 알 수 있다고 한다. 요즘은 범인 검거에도 필적감정이 중요한 수단이 되고 있다. 전문가들에 의하면 글씨를 또박또박 쓰는 사람은 다른 사람과 잘 어울리며 믿을 만한 성격이라고 한다. 글씨를 흘려 쓰는 사람은 혼자 있기를 좋아하는 편이며, 글씨가 왼쪽으로 기울면 자신의 감정을 잘 들어내지 않는 사람이며, 오른쪽으로 기운 사람은 감정을 잘 표현하는 솔직한 사람이라고 한다. 글씨가 듬성듬성한 사람은 예술적 취향이 강한 사람이라고 말한다.

2012년 대선이 진행 중일 때, 후보 세 사람이 모두 현충원을 찾아 방명록에 글을 남겼다. 세 사람의 글씨를 분석한 필적감정가는 이렇게 평가했다.

≡ 박근혜 : 형식이나 틀에서 벗어나는 것을 싫어하고 확고한 가치관

이 있어서 룰에 맞춰서 생활하는 성격이다.

문재인 : 책임감이 강하고 균형된 생각을 실천할 수 있는 사람이다. 그리고 에너지가 넘치는 성격이다. 현충원 방문 당시에는 감정이 다소 흔들리는 글씨였다.

안철수 : 교수답게 간결하고 자기 할 얘기만 하고 학생들을 오랫동안 가르쳐서 그런지 합리적이고 간결한 모습이다.

언어도 패턴이다. 사람들은 남의 말을 들을 때 단어 하나하나를 의식하면서 이해하는 것이 아니라 전체를 하나의 다발, 곧 의미의 패턴으로 받아들이는 것이다.

외국어를 배울 때 단어는 알아도 들리지 않는 것은 패턴에 익숙하지 않기 때문이다. 언어가 패턴을 만들어가는 원칙은 '에너지 절약의 법칙'이다. 고교 시절이었던가, 비틀즈의 노래 'I want to hold your hand'가 세계적인 히트를 할 때였다. 라디오에서 흘러나오는 노래를 아무리 들어도 영어를 이해할 수 없었던 기억이 난다. 귀에 들리는 대로 적자면 '아이 워나 홀 유어 핸'이다. 발음하기 어려운 't'를 생략하는 에너지 절약의 법칙이 적용된 것이다. 그래서 외국어를 공부할 때는 단어가 아니라 패턴을 익힐 것이며, 이를 위해서는 문장을 소리 내어서 읽되 가능하면 노래

하는 것처럼 리듬을 살려서 읽으라고 전문가들은 조언한다. 하나의 패턴을 익히면 10여 가지의 표현을 저절로 구사할 수 있다는 것이다.

베토벤이 아이들을 위해 작곡한 노래 중에 'ABC song'이 있다. 아이들이 알파벳을 쉽게 배울 수 있도록 노래로 작곡한 것이다. 그냥 A에서 Z까지 외우려면 아이들에게 어렵지만 노래로는 그저 재미있어서 쉽게 익힌다.

언어도 패턴인 이상 사용하는 언어에서 어떤 특징, 곧 패턴이 발견된다면 익명의 글이라도 저자를 찾을 수 있다.

실제로 1962년 미국에서 이런 작업이 실행된 적이 있었다. 미연방 헌법을 제정할 당시 이를 주민들에게 설득하기 위해 연방주의자 세 사람이 85편의 문서를 작성했다. 해밀턴, 제이, 메디슨이었다. 이들은 서명을 하지 않았기 때문에 누가 작성한 글인지 알 수가 없어 미국 헌법의 기원을 연구하는 학자들에게 고민거리였다. 여기에 수학자 모스텔리와 윌리스가 등장했다. 핵심은 전치사와 부사 등 개인의 취향에 따라 선택이 달라질 수 있는 단어를 분석하는 작업이었다. 구체적으로 by, to, this, there, enough, according, on, upon 등 30여 개의 단어들을 분석하여 이들의 언어 지문을 완성할 수 있었다.

사람의 습관도 패턴이다. 성공학을 연구하는 사람들에 의하면 성공하는 사람과 실패하는 사람의 가장 큰 차이는 일에 임하는 습관이라고 한다. 별 것 아닌 작은 습관 하나라도 일생 동안 누적되면 엄청난 결과를 낳을 수 있다. 그래서 습관이 중요하다는 것이다. 시간을 금쪽 같이 썼던 미국의 아이젠하워 대통령은 책상정리를 아주 잘하는 습관이 있었다. 책상 위의 모든 서류를 4가지로 정리했다.

1. 지금 처리할 것
2. 참모들에게 지시할 것
3. 다른 사람에게 전달할 것
4. 버릴 것

그리하여 하루의 일과가 끝나면 책상 위에는 아무것도 없었다. 또 하나 그에게 재미있는 습관은 다음날 입을 옷을 전날 잠자리에 들기 전에 골라놓는 습관이었다. 내일 만날 사람, 참석해야 할 회의나 파티 등을 고려하여 미리 옷을 골라놓으면 아침 시간 10분을 아낄 수 있었다.

존 F. 케네디를 대통령으로 키운 사람은 그의 아버지 조지프 케네디였다. 저녁 식사시간이면 가족들이 모여 토론을 했다. 토론의 주제는 당일자 뉴욕타임스에 실린 기사였다. 기사를 보면서 각자가 나름대로의 의견을 내고 서로 토론을 벌이는 방식이었다. 후일 대통령이 된 케네디는 식탁토론이 자신을 대통령으로 만들어주었다고 회고했다. 스타벅스 창업자 슐츠는 점심식사를 매일 다른 사람과 같이 했다. 그것은 인맥을 쌓는 방법이기도 하지만 새로운 생각을 할 수 있는 기회였다.

사람의 병도 대부분 나쁜 습관에서 비롯된다. 반대로 습관만 고치면 웬만한 병도 고칠 수 있다는 것이다.

: 패턴의 구성요소

패턴의 핵심은 반복과 대칭이다. 어떤 것이든 반복되는 행위는 패턴을 만들어낸다. 쉬운 예로 A4용지로 패턴을 만들어보자. A4용지를 가로, 세로로 두 번 접은 다음 종이 중앙 부위에 해당되는 모퉁이를 가위로 잘라낸다. 다시 한 번 접어서 자른다. 다시 한 번 접어서 자른다. 이러면 일곱 개의 아름다운 다이아몬드 무늬가 대칭구조로 만들어진다. 우리가 일상생활에서 볼 수 있는 뜨개질도 전형적인 패턴 만들기다. 무엇이든 일정한 규칙을 반복하면 패턴이 형성된다.

 재미있는 가상 연습을 해보자. 10개의 방이 늘어서 있는 긴 복도가 있다. 이 방들은 모두 문이 잠겨 있다. 이 복도를 10명이 지나가면서 다음과 같은 행동을 반복한다.

1. 첫 번째 사람은 닫혀 있는 문을 모두 연다.
2. 두 번째 사람은 짝수 번째의 방문을 닫는다.
3. 세 번째 사람은 3의 배수가 되는 방의 문이 열렸으면 닫고 닫혔으면 연다.
4. 네 번째 사람은 4의 배수가 되는 방의 문이 열렸으면 닫고 닫혔으면 연다.

 이랬을 때 10명이 모두 지나가고 나면 어떤 방의 문이 열려 있을까 하는 문제이다. 1, 4, 9번째 방문이 열려 있다. 이는 1^2, 2^2, 3^2번째 방이 열려 있는 패턴을 이루게 된다.

 이탈리아 수학자 피보나치가 발견한 수열을 보자. 이 수열은 1에서 시작하여 앞의 두 수를 더하여 뒤의 수를 만드는 아주 간단한 방식의 반복으로 이루어져 있다. 1+1=2, 1+2=3, 2+3=5, 3+5=8, 5+8=13…… 하는 식이다.

≡ 1, 2, 3, 5, 8, 13, 21, 34······

　피보나치의 수열은 자연의 질서에 가장 가까우면서도 황금비율로 알려진 0.618에 수렴하는 수열이다. 5/8=0.625, 8/13=0.615, 13/21=0.619······ 꽃잎의 수는 거의가 1, 3, 5, 8, 13의 숫자로 이루어져 있다. 튤립은 1장, 클로버·백합·붓꽃은 3장이며, 채송화·동백·들장미·자두·살구·복숭아·패랭이꽃 등은 5장의 꽃잎을 가지고 있다. 코스모스, 모란, 수련, 양지꽃은 8장의 꽃잎을 가진다. 금잔화는 13장이고, 치커리는 21장, 데이지는 34장의 꽃잎을 가지고 있다. 해바라기 씨앗의 분포, 소라껍질의 나선형구조, 심지어 피아노 건반의 배치도 이 수열에 따르고 있다. 이 수열에서 앞의 수와 뒤 수의 비율이 황금비율을 지향하고 있다.

: 규모의 대칭, 프랙탈

　요즘 활발하게 연구되고 있는 프랙탈 이론 역시, 무질서한 자연계에서 패턴을 찾으려는 노력이다.
　프랙탈이란 작은 조각이 전체와 닮은 구조를 가리키는 말이다. 나무의 가지 하나는 나무 전체의 모습을 축소한 것이고 전체는 가지 하나를 확대한 모습이다. 유사성, 자기 닮음 현상이다. 우리가 매일 바라보는 구름은 우주 탄생 이래 한 번도 똑같은 모습으로 우리에게 나타난 적이 없지만, 그럼에도 우리에게는 아주 친숙하게 느껴진다. 그것은 유사 패턴의 반복이기 때문이다. 프랙탈의 세계는 유클리드 기하학처럼 반듯한 형태는 아니지만, 부분이 유사 반복을 통해 확대되면서 전체를 이루는 규모의 대칭이다.

 소립자 세계와 우주 역시 닮은꼴이다. 소립자 세계에서는 원자핵을 중심으로 전자가 돌고 있다. 태양을 중심으로 행성들이 돌고 있는 태양계의 모습과 흡사하다. 은하계와 태풍은 놀랍도록 회오리 모습을 하고 있다.

 영국의 수학자 아이언 스튜어트 교수는 《자연 속의 수학적 질서》에서 삼라만상은 유사한 구조와 움직임을 반복하기 때문에, 우주는 거대한 닮은꼴이라고 선언하고 있다. 사막의 모래와 바다의 파도가 펼치는 무늬는 놀랍도록 비슷하다. 얼룩말의 줄무늬 패턴 역시 다른 많은 물고기 무늬에서도 관찰된다.

 그는 우주 만물은 서로 비슷한 모양을 반복하는 자기반복성과 대칭성, 그러면서도 시간이 흐르면서 변하는 역동성을 '세상의 법칙'이라고 말한다.

불교 경전에서는 이렇게 적고 있다.

"하나의 모래알 속에 삼천 세계가 들어있다."

인체의 신경계나 혈관, 나무의 뿌리는 아주 무작위적이고 혼돈스러운 모습을 하고 있지만 그 속에는 작은 구조가 유사하게 반복되는 패턴을 가지고 있다. 곧 부분을 확대한 형태가 전체이고 전체를 축소한 형태가 부분이다. 강줄기, 눈송이, 나무와 가지, 나무껍질의 무늬, 구름, 해안선의 구조, 뇌 표면의 주름 무늬, 끝없이 이어지는 산맥의 모습, 주식시장의 그래프는 한 부분을 떼어 놓으면 전체와 구분하지 못할 정도로 유사한 모양을 하고 있다. 나무의 큰 뿌리와 작은 뿌리도 놀라울 정도로 닮아 있다.

프랙탈 세계에서 부분과 전체는 규모의 차이가 있을 뿐 유사한 모양을 반복하고 있다. 이는 규모의 대칭구조이다.

: 형태장 이론

스포츠에는 마의 벽이라는 것이 있다. 인간의 능력으로 넘지 못하는 기록이라는 의미이다. 마라톤의 기록이 그러했다.

마라톤 기록의 역사를 보자. 마라톤 최초의 공식기록은 1896

년 제1회 아테네 올림픽에서 그리스의 드미트리 델리기아니스가 세운 3시간 3분 5초였다. 그러나 이때의 마라톤 거리는 지금의 42.195km가 아니어서 비교의 대상에서 일단 제외하자. 마라톤 거리가 현재의 42.195km로 정해진 것은 1908년 영국 런던 올림픽 때였다. 마라톤 행렬이 버킹검 궁 앞을 지나도록 하기 위해 거리를 조정한 것이다. 그것이 지금의 거리로 굳어졌다. 이 대회에서 우승한 미국의 헤이스 선수가 세운 기록은 2시간 55분 18초, 마라톤 최초의 기록이다. 그후 2시간 30분이 마의 벽으로 남아 있었다.

2시간 30분의 벽은 1936년 베를린 올림픽에서 우리나라 손기정 선수가 세운 2시간 29분 19초에 의해 깨졌다. 그러자 다시 2시간 20분이 마의 벽으로 남았다. 이 벽은 영국의 제임스 피터스에 의해 깨졌다. 이 무렵 의사와 과학자들은 마라톤 기록의 한계를 연구하기 시작했다. 여기서 내린 결론이 2시간 10분이었다. 마라톤 거리 42.195km를 2시간 10분 이내로 달릴 경우 심장이 파열될 것이라는 주장이었다. 그러자 이를 증명이라도 하듯이 2시간 10분의 벽은 오랫동안 깨지지 않았다.

그러다가 1967년 후쿠오카 마라톤에서 호주의 클레이톤 선수가 2시간 9분 37초로 우승해 마라톤 역사상 처음으로 2시간 10

분대의 벽이 깨졌다. 그러자 기다렸다는 듯이 세계 곳곳에서 동시다발적으로 2시간 10분 벽을 깨뜨리는 선수들이 무더기로 나타났다. 이제는 2시간 10분 벽을 깬 선수가 300명도 넘는다.

이런 현상을 어떻게 설명해야 할까?

2시간 10분은 신체적 한계가 아니라, 마음의 벽이었던 것이다. 지금은 케냐의 마카우 선수가 세운 2시간 3분 38초가 세계 최고의 기록이다. 이제는 다시 2시간이 마의 벽으로 오랫동안 남아 있을 것으로 보인다.

높이뛰기도 마찬가지였다. 과학자들은 인간의 근육기능을 정밀 분석한 결과, 사람이 뛰어오를 수 있는 높이는 2m가 한계라고 단언했다. 그래서 오랫동안 2m는 마의 벽이었다. 포스베리 선수가 나타나 마의 벽으로 알려진 2m를 훌쩍 넘어 버리자 2m 벽을 넘는 선수들이 세계 곳곳에서 나타났다. 인간은 자신의 한계를 스스로 설정한다는 것이다.

케임브리지 대학의 셸드레이크 박사는 이러한 현상들을 '형태장 이론'으로 설명하고 있다. 같은 종의 동물(식물도 마찬가지다)들은 보이지 않는 파동 같은 것을 통해 학습효과를 공유한다는 것이다.

하버드 대학의 맥더걸 교수는 쥐에게 물이 잠겨 있는 아주 복잡한 미로 실험을 했다. 길을 잘못 찾아들었을 때는 전기충격을 주어 다시 길을 찾게 하는 방법이었다. 처음 이 실험을 한 쥐는 무려 250번 만에야 비로소 미로를 빠져나올 수 있었다. 이 실험이 있고 나서 다른 쥐들을 상대로 같은 실험을 했을 때, 시행착오의 횟수가 점점 줄어들더니 22번째 쥐에서는 25회로 1/10로 줄어들었다. 즉 미로를 찾는 능력이 10배로 늘어나더라는 것이다. 이것이 형태장 이론이다.

사람도 마찬가지다. 예를 들면 100년 전의 어린아이들은 자전거 타기를 배우는 데에 많은 시간이 걸렸지만 요즘은 거의 본능적으로 자전거를 배운다. 요즘 아이들은 어릴 적부터 휴대폰이나 전자기기를 자유자재로 다룬다. 보이지 않는 파동을 통해 부모의 학습효과를 공유한다. 즉 인간의 유전자는 부모의 형태만 전달되는 게 아니라, 부모 세대의 문화적인 학습 또한 전달된다는 것이다.

이 책의 다른 장에서 다룬 100번째 원숭이 이야기도 같은 맥락이다. 비둘기들의 귀소본능을 보면 이들은 지형지물을 기억하여 귀소하는 것이 아니라, 지구자기장으로 목적지를 하나의 패턴으로 기억한다. 형태장 이론을 연구하는 학자들은 인간의 기억은 단지 뇌에만 저장되어 있는 것이 아니라 형태장에 저장되며, 뇌는 단지 통로 역할을 하는 게 아닌가 하는 가정을 하기에 이르렀다.

　세상은 모두가 서로 연결되어 있고, 동일한 종은 더욱 단단하게 보이지 않는 파동으로 연결되어 있다는 것이다.

세상 읽기 시크릿 02
사회적 패턴

: 정규분포

19세기의 천재 수학자 가우스는 세상을 설명하는 한 방법으로 정규분포를 제안했다. 가난했던 가우스의 아버지는 아들의 학비를 대기가 어려워서 가우스가 학교에 가는 대신 자신의 뒤를 이어 벽돌공이 되기를 바랐다. 그러나 그의 재능을 알아본 주위 사람들의 도움으로 공부를 계속할 수 있었다.

가우스의 업적은 수없이 많지만 그때까지만 해도 불가능한 것으로 알려졌던 정17각형의 작도를 19살에 성공하면서 천재성을 발휘하기 시작했다. 그는 너무나 기쁜 나머지 자신이 죽으면 묘비에 정17각형을 새겨달라고 말하기도 했다. 정수론, 통계학, 해석학, 미분기하학, 측지학, 정전기학, 천문학, 광학 등 많은 분야에서 크게 기여하였다.

가우스와 관련된 일화 중에는 프랑스 출신의 제르맹이라는 여성 수학자가 하나 등장한다. 가우스가 정수론 연구를 출판한 후, 그녀로부터 편지를 받았다. 후에 프랑스 군대가 가우스가 사는 지역을 침공했을 때, 그녀는 군대 장관에게 부탁하여 가우스의 신변을 보호해줄 것을 특별히 요청했을 정도였다. 이후 두 사람은 아주 친한 학문적 친구가 되었으나, 당시에는 여자가 수학을 공부하는 것을 좋아하지 않는 분위기였다. 가우스의 노력으로 그녀는 죽은 다음에 괴팅겐 대학의 명예박사 학위를 받을 수 있었다.

가우스가 제안한 정규분포는 어떤 측정값의 분포가 평균값을 중심으로 반듯한 종 모양의 좌우대칭으로 분포한다는 것을 전제로 한다. 학생들의 신장을 정규분포로 보자. 이들의 평균 신장이 170cm라면 한 반 학생들의 개별 신장은 170cm 주위에 가장 많이 모여 있고, 그 아래나 위로는 갈수록 점점 더 사례수가 줄어드는 반듯한 종 모양으로 나타날 것이다. 그리하여 신장 100cm

나 200cm인 사례수는 아주 소수일 것이고 50cm나 250cm는 이론상으로는 가능해도 실제로는 존재하지 않을 것이다. 이것으로 정규분포 이론은 관측값에서 참값을 추정해내는 원리로 자리하게 되었다.

학생들의 성적분포, 신생아의 체중, 강우량, 단위 면적당 수확량 등이 그러하다. 정상적인 정규분포라면 전체의 68.3%가 표준편차 이내에 들어간다.

: 멱함수의 법칙

이런 정규분포는 개별 사건들이 독립적으로 발생할 경우에만 성립된다. 위에서 예를 든 것처럼 학생들의 신장이라면 특정 학생의 신장은 다른 학생의 신장에 의해 영향을 받지 않는 독립적인 사건이라는 점이다.

그러나 개별 사건의 결과가 다시 원인이 되어 증폭되는 경우에는 의미가 없어진다. 예를 들어 신장은 1차적으로 타고나는 것이지만 신장 170cm 학생들과 신장 180cm인 학생들이 농구시합을 한다면 그들의 득점 차이는 17:18의 차이가 아니라 2배 이상으로 벌어질 수도 있다는 것이다. 야구선수들의 연봉은 타율에 비례하지 않는다. 타율 2할 9푼인 선수와 3할인 선수의 연봉은 별 차이가 없어야 하겠지만 현실적으로는 큰 차이가 난다.

사회 현상 중에서 심각한 불균형을 이루는 것이 바로 부富의 분포이다. 부의 분포 역시 2차적인 요인에 의해 증폭되는 현상이다. 돈은 처음에는 개개인의 능력에 의해 약간의 차이밖에 나지 않지만 그후에는 돈이 돈을 벌기 때문에 큰 차이로 벌어지게 된다. 이것을 피드백feed back이라고 부른다. 우리말로는 '되먹임 함수'로 번역된다.

1895년 이탈리아 경제학자 파레토에 의하면 한 나라의 부는 상위 20%의 사람들이 나라 전체 부의 80%를 차지한다는 '파레토의 법칙'을 내놓았다. 이는 정규분포 이론으로는 설명이 되지 않는 사례이다.

우리나라 국민소득은 2만 달러 전후다. 만약 정규분포라면 국민 대다수의 소득이 2만 달러 부근에 몰려 있어야 하지만 실제로 중간값은 개미허리처럼 가늘어지고 양극단의 큰 부자와 아주 가난한 사람으로 양분된다. 이런 현상들이 나타나는 이유는 '양의 피드백 현상' 때문이다.

지질학자 쿠텐베르그와 리히터는 지진의 강도와 빈도 사이의 상관관계를 연구하다가 놀라울 정도로 비슷한 패턴이 나타나는 것을 발견하게 되었다. 미국 남캘리포니아 지역에는 90년대 3년 동안 규모 2.0~2.5 정도의 경미한 지진이 700여 회 지나갔다. 그러다가 갑자기 규모 6.7의 지진으로 이어졌다. 정규분포라면 중간 정도의 지진이 수백 회 정도 지나간 다음에 큰 지진이 와야 하지만 중간값이 사라지고 곧바로 큰 사건으로 이어진 것이다. 이것이 멱함수이다. 멱함수는 중간값이 거의 사라지고 좌측에서 우측으로 긴 꼬리 모양을 형성하고 있다.

멱함수의 법칙은 지진, 산불, 정전, 산사태와 같은 자연재해의 발생빈도와 피해 규모 간의 관계를 설명하는 이론으로 발전하였다. 멱함수의 법칙이란 규모가 2배인 사건은 발생빈도가 1/2이 아니라 $1/2^2$로 줄어든다는 사실이었다. 이것을 멱함수라고 부르며 '역제곱의 법칙'이라고도 부른다. 사람들의 이름에도 멱함수의 법칙이 존재한다. 우리나라 사람들의 이름을 보면 흔한 이름이 대부분을 차지하고 소수의 특이한 이름으로 나누어져 있다.

여기서 정규분포와 멱함수의 차이를 확실하게 짚고 넘어가자. 정규분포에서는 반드시 '0'이 되는 구간이 있게 마련이다. 예를 들어 평균 신장이 170cm인 집단이라면 아무리 키가 큰 사람이라도 3m를 넘지 못한다는 이야기이다. 그러나 멱함수의 법칙에서는 상상할 수 없는 큰 값이라도 '0'에 가깝기는 하지만 결코 '0'

이 되지는 않는다는 것이다.

　사회적인 현상들도 정규분포가 아니라 멱함수에 가깝다. 그래서 복잡하게 얽힌 사회에서는 언제든 상상할 수 없을 정도의 큰 사건이 일어날 수 있다. 2001년에 있었던 9.11 테러나 2008년의 금융위기와 같은 사건이 언제든 일어날 수 있다는 것이다.

: 피드백

　아이들의 동화책에서는 용감하고 정의로운 왕자가 아름다운 공주와 결혼하여 행복하게 산다는 이야기가 나오지만, 세상은 오히려 악인이 공주와 결혼한다. 선형은 1차식의 그래프처럼 직선으로 나타난다. 하나의 원인에는 하나의 결과가 있을 뿐이며, 결과를 보고 원인이 어떤 것이었는지 짐작할 수 있다.

　그러나 비선형은 원인과 결과가 비례관계에 있지 않다. 두 배 노력한다고 두 배의 결과가 나오지 않는 것이 세상이다. 사회 현상들은 대부분 '피드백 이론'이 적용되면서 증폭되거나 회절되기 때문이다. 피드백이란 하나의 원인이 어떤 결과를 낳았을 때, 그 결과가 다시 원인에 가세하여 더 큰 결과로 증폭되는 경우를 가리키는 말이다. 우리말로는 '되먹임'으로 번역된다.

어린 시절 눈사람을 만들던 기억을 떠올려보자. 눈사람을 만들 때는 우선 손으로 작은 눈덩이를 뭉쳐야 한다. 그런 다음에는 그 눈덩이를 눈 위에 굴리기만 하면 눈덩이는 점점 더 커지면서 거대한 눈덩이가 된다. 아마도 돈을 버는 것도 눈사람 만들기와 비슷한 유형일 것이다. 처음에는 땀을 흘려야 돈을 벌 수 있지만, 나중에는 돈이 돈을 버는 이치와 같다.

태풍이 증폭되는 현상도 전형적인 피드백 현상이다. 태풍은 적도상에서 발생하는 저기압이 증폭된 것이다. 여름의 뜨거운 햇빛이 적도상의 해수면 온도를 상승시키면 바닷물은 수증기가 되어 공중으로 빨려 올라간다. 공중으로 올라간 수증기는 차가운 공기를 만나 물방울로 응결되면서 공기 중에 액화열(80cal)을 방출하기 때문에 대기의 온도는 더욱 뜨거워진다. 이렇게 더워진 공기는 다시 더 많은 수증기를 빨아들이면서 열대성 저기압으로 변한다. 그러다가 바람의 속도가 17.2m/s 이상이면 태풍이라고 부르는 것이다.

최근 한반도의 기온은 여름에는 무덥고 겨울에는 매서울 정도로 차다. 이를 피드백 이론으로 설명하자면 여름에 뜨거워진 공기가 성층권의 공기를 덮으면서 제트기류를 차단하기 때문에 북극의 찬 공기가 한반도로 내려오는 현상이라고 설명한다. 이러한 현상은 가속화될 것으로 전문가들은 전망하고 있다.

사막화 현상도 양의 피드백 사례이다. 사막화는 처음에는 과도한 삼림 벌채, 화전으로 인한 삼림 파괴, 가축 사육으로 인한 초원의 황폐화에서 비롯되었을 것이다. 기후도 큰 영향을 미쳤을 것이다. 어느 경우든 일단 사막이 형성되면 사막은 암세포처럼 인근 지역으로 퍼져 나간다. 일단 사막이 형성되면 강우량이 줄어들어 사막화는 더욱 가속된다.

또 사막에 바람이 불면 사막의 모래가 이웃한 초원을 덮으면서 다시 사막이 된다. 그리하여 매년 600만ha 정도의 면적이 사막으로 변한다. 우리나라 기업이나 단체들이 몽골에 나무심기를 지원하는 것도 사막화 방지를 위해서이다. 몽골의 인구는 270만 명이지만 가축은 5천만 마리다. 이들이 풀을 뜯어먹는 바람에 초원이 사막으로 변하고, 사막은 다시 더 넓은 사막으로 변하는 것이다.

동물들의 증식과정도 양의 피드백 현상이다. 피보나치의 수열을 보자. 갓 태어난 한 쌍의 토끼가 있다. 토끼는 태어난 지 두 달이면 어미가 되어 다시 한 쌍의 새끼를 낳을 수 있다. 임신기간은 한 달이다. 태어난 새끼도 두 달 후부터는 새끼를 낳을 수 있기 때문에 토끼는 1, 2, 3, 5, 8, 13…… 그리하여 1년 후에는

144쌍으로 늘어난다. 어미와 새끼, 새끼의 새끼들이 가세하여 새끼를 낳는 경우가 양의 피드백 현상이다.

복리 이자의 개념도 동물들의 증식과정에서 따온 것이다. 예를 들어 암소 한 마리에 해당되는 돈을 빌렸다면 1년 후에 얼마를 갚는 것이 합당한가 하는 문제를 보자. 암소는 1년 동안 송아지를 한 마리 낳을 것이기 때문에 갚아야 할 돈은 암소 한 마리 가격에다 송아지 한 마리 가격을 합산한 것이어야 한다. 이것이 복리 이론의 핵심이다.

거짓말이나 소문도 전형적인 피드백 현상이다. 일단 한 번 거짓말을 하면 이것을 합리화하기 위해 또 다른 거짓말이 필요하게 된다. 여러 해 전 일본에서는 한 은행이 위험하다는 헛소문이 돈 적이 있었다. 여고생들이 재미로 퍼뜨린 이야기였다. 전혀 근거 없는 소문이었지만 혹시나 하는 고객들이 예금을 인출하는 바람에 은행이 파산 직전까지 갔던 사례가 있다. 이것이 '양의 피드백'이다.

이에 비해 '음의 피드백'은 균형상태로 돌아가려는 힘이다. 원심력이 양의 피드백이라면 구심력은 음의 피드백 현상이다. 물리학에서 원심력이 외부로 탈출하려는 힘이라면 구심력은 달아나려는 힘을 다시 내부로 끌어들이는 힘이다.

생물의 개체수와 먹이의 관계가 전형적인 음의 피드백 현상이다. 먹이가 풍부한 환경에 있는 생명체는 빠르게 개체수를 늘려갈 것이다. 그러나 개체수 증가는 필연적으로 먹이 부족을 초래하고, 이는 다시 개체수 증가를 억제하는 요인으로 작용하게 된다. 그리하여 개체수는 원래의 상태로 환원하게 된다는 이론이다. 이것이 음의 피드백이다.

박테리아를 예로 보자. 박테리아는 온도, 습도, 영양이 갖추어진 환경에서는 보통 20분이면 두 배로 증식된다. 1마리가 한 시간이면 8마리로 늘어난다. 이런 속도라면 한 마리가 하룻밤 사이에 10억 마리까지 증식될 수 있다. 그러나 먹이가 부족한 환경에서는 이론상 먹이의 한도까지 증식했다가 먹이에 맞추어 개체수가 조절된다. 그러나 실제로는 먹이의 한도에 이르기 전에 안정적인 개체수로 수렴하거나, 개체수 증감을 주기적으로 반복하거나, 카오스적으로 진동하게 된다.

음의 피드백은 복원력 정도로 보아도 무방할 것 같다. 시스템이 건강할 때는 외부의 충격을 스스로 흡수할 수 있는 것이다. 자연계나 인간의 신체가 그러하다. 대기 중에 탄산가스가 많아지면 지구온난화 현상이 일어난다. 이는 식물의 성장을 촉진시켜 탄산가스를 흡수하는 역할을 하게 된다. 그리하여 숲이 무성해지면 다시 대기의 구성 비율은 적정선을 유지하게 되는 것이다.

외부의 충격을 스스로 흡수하려는 것이 음의 피드백이다. 인간이 살아가는 환경 속에는 수많은 병균들이 들끓고 있지만 모두가 병에 걸리는 것은 아니다. 건강한 신체는 외부의 충격을 충분히 이겨낼 수 있다. 이것이 음의 피드백 현상이다.

: 카오스

카오스$_{chaos}$란 그리스어에서 '혼돈'이라고 번역되는 단어로 코스모스$_{cosmos}$와는 반대되는 개념이다. 카오스는 날씨처럼 다양한 요인들이 얽히고설키면서 연출해내는 예측이 어려운 비선형적인 현상이다. 선형적인 세계는 원인과 결과 사이에 비례관계가 성립되지만 비선형적인 세계는 이것이 성립하지 않는다.

선형적인 세계가 삼각형, 사각형, 원 등 기하학적으로 반듯한 세계라면 구름이나 번개가 치는 모습처럼 늘 다른 모습으로 나타나는 것이 비선형 세계이다. 무용수들이 집단으로 춤을 추는 동작은 매뉴얼에 의해 짜여 있기에 선형적이지만 축구선수들이 운동장을 뛰어다니는 행동은 각본이 없기에 비선형적이다.

카오스 세계의 특징은 작은 원인이 큰 결과로 이어지는 경우가 많다는 점이다. 다양한 원인들이 서로 얽혀 있는데다 피드백 작용을 통해 증폭되기 때문이다. 날씨라면 바람, 온도, 습도, 기압 등의 요인들에 의해 내일의 날씨가 결정되지만 이들의 값에서 조그만 차이도 결과는 크게 벌어진다. 그래서 기상학자 로렌스는 브라질에서 나비 한 마리의 날갯짓이 뉴욕에서는 토네이도를 일으킬 수 있다고 말한다.

카오스 현상은 내일의 날씨, 밀물과 썰물, 유체의 흐름, 대기의 운동, 심장의 박동, 뇌의 활동, 전염병의 전파, 동물의 개체군 증감 현상, 주식시장의 오르내림, 회오리바람, 태풍, 나뭇잎이 떨어지면서 그리는 곡선 등에서 나타난다. 그래서 예측이 어려운 것이다.

카오스 현상은 예측이 어렵긴 하지만 무작위적인 확률과는 구분된다. 주사위를 던질 경우 나타나는 숫자는 단순 무작위적이다. 아무리 주사위 던지기를 반복해도 다음 주사위 숫자를 예측할 수는 없다.

카오스 세계를 예측하는 방법은 두 가지밖에 없다. 카오스의 세계는 혼란스럽고 예측이 어렵지만 유사한 패턴을 반복한다는 특징을 가지고 있다. 지금 하늘에 떠 있는 구름은 우주가 탄생한 이래 한 번도 나타난 적이 없는 전혀 새로운 구름이지만, 우리에게는 아주 익숙하게 느껴진다. 언젠가 보았던 패턴을 유사하게 반복하고 있기 때문이다. 나무, 숲, 강물, 파도, 산맥, 주식시장의 그래프의 모습이 그러하다. 그것을 우리는 '프랙탈'이라고 부른다. 그 속에 어떤 질서 혹은 패턴을 숨기고 있을 거라는 이야기이다. 나무나 나뭇가지의 모습, 고사리 잎의 무늬처럼 동일한 형태가 규모를 달리하여 반복되는 형태를 가리킨다. 바로 '닮은꼴' 형상이다.

고사리를 보자. 고사리는 작은 잎 하나가 큰 잎을 닮았고, 큰 잎은 다시 가지를 닮았고, 가지는 고사리 전체의 모양을 반복하고 있다. 강이나 해안선의 모습, 구름의 모습이 그러하다. 광대한 우주와 미립자 세계인 원자의 구조는 온전히 동일하다는 것이다. 하루 동안 주식가격이 움직인 궤적을 확대하면 한 달 동안의 그것과 흡사하고, 다시 일 년 동안의 그것과 흡사하다. 다시 주식시장의 그래프는 산맥이 뻗어가는 모습을 닮았다. 이처럼 비선형 역학계인 카오스의 세계는 규모의 대칭을 반복한다.

사회적인 현상들도 어떤 패턴이 있다. 유행, 범죄, 전염병, 주가, 경기변동, 사회적인 이슈 등이 그러하다. 이들은 복잡하기 그지없는 카오스 현상을 보이지만 긴 시간으로 보면 규모의 차이만 있을 뿐 유사한 형태를 반복한다. 이것으로 어느 정도 확률적인 예측이 가능하다는 것이다.

또 아주 많은 사례가 축적되면 어느 정도 확률적인 예측은 충분히 가능할 것으로 전문가들은 보고 있다. 바로 요즘 화두가 되고 있는 빅 데이터의 문제이다. 인터넷과 모바일 기기들이 등장하면서 엄청난 양의 데이터들이 쌓이고 이것을 가지고 하나의 흐름, 패턴을 발견할 수 있다는 것이다.

구글의 CEO 에릭 슈미트에 의하면 요즘 하루 평균 누적되는 데이터의 양은 7.5엑사바이트 정도라고 한다. 이는 성능 좋은 PC 750만 대에 수록할 수 있는 용량이다.

미국의 대형 소매점 월마트의 경우 빅 데이터는 재고나 매출관리에 한정되는 것이 아니라 고객에 관한 거의 모든 정보가 분석된다. 고객의 쇼핑 선호도, 방문빈도, 구매금액, 과거의 쇼핑 이력 등이 분석되어 맞춤형으로 고객을 관리하는 것이다.

실제로 미국의 한 대형 마트에서는 잠재고객들에게 쇼핑 안내서를 보냈다가 분쟁이 일어난 적이 있다. 고교생인 10대 딸에게 출산, 육아용품 안내서가 발송되자 부모가 이에 항의하는 사건이었다. 마트 측에서 사과하는 것으로 사건은 마무리되었지만 실제로 딸은 임신 중이었다. 과거 임신한 여성들이 보여준 데이터가 누적되어 이 소녀의 임신을 알 수 있었다는 것이다.

매년 1월이면 세계 경제인들은 눈 덮인 스위스의 휴양 도시 다보스에 관심을 집중한다. 세계 석학들이 모여 세계 경제의 현안과 발전 방안을 논의하는 다보스 포럼이 열리기 때문이다. 회의라기보다는 세계적인 석학들이 삼삼오오 모여서 세계가 당면한 문제들에 관해 의견을 나누는 담소장이다. 지난 해 이 회의에서 논의된 테마가 '빅 데이터'였다. 빅 데이터가 카오스 세계를 예측할 수 있는 실마리를 제공해줄 수 있을 것으로 전문가들은 보고 있다. 유행, 범죄, 전염병의 전파형태 등도 사회적인 카오스 현상들이다.

: 유행

유행의 흐름은 상류층의 패션이나 분위기가 아래로 전파되는 하향전파와 하류층의 패션이 위로 전파되는 상향전파 두 가지 형태로 나타난다. 보통 사회가 안정되고 사회적인 분위기가 보수적으로 흐를 때는 위에서 아래로 흐른다. 반대로 사회가 불안하고 사회 혹은 기성세대에 대한 반발적인 분위기에서는 위로 흐른다.

하향전파의 가장 대표적이었던 시기가 영국 빅토리아 여왕 시절이었다. 빅토리아 여왕이 재위하던 시기의 영국은 해가 지지 않던 때로 영국의 최전성기였다. 이런 분위기에서는 위로부터 아래로 유행이 전파된다. 이 시기에 유행한 것이 하얀 웨딩 드레스와 다리가 없는 피아노였다. 왕위에 오른 다음 결혼식을 올렸기 때문에 여왕의 결혼식은 세계의 이목을 집중시켰다. 여왕은 백합보다 흰 하얀 드레스를 입고 결혼식장에 나타나 사람들의 감탄을 자아냈다. 그러자 호사꾼들은 '순결의 상징'이라는 의미를 부여했고 급기야 세계적인 유행으로 번지기 시작했다. 이제 하얀 웨딩 드레스는 거의 클래식으로 굳어진 느낌이다.

다음으로 다리가 없는 피아노이다. 피아노의 다리를 유심히 보라. 여성의 매끈한 각선미를 보는 듯 아름답다. 여왕의 남편 엘버트 공은 42세의 젊은 나이에 병으로 세상을 떠났다. 남편을 몹시 사랑했던 여왕은 슬픔과 애도의 상징으로 그후 일생 동안 긴 검은색 정장을 입었다. 이런 분위기가 반영되어 일반 여성들도 여왕의 의상을 모방했다. 그러자 피아노에도 긴 드레스를 입혀 아름다운 다리를 감추어 버린 것이다. 여왕은 일반 백성들에게도 금욕을 권유했다. 영국의 자산이 될 아기를 낳을 경우를 제외하고는 가급적 부부의 성적 접촉을 자제해달라는 부탁이었다. 이것이 얼마나 지켜졌는지는 알 수 없다. 그러나 이는 세계적인 유행이 되지는 못했다.

반대로 사회가 불안하고 상류사회에 대한 분위기가 냉소적일 때는 아래의 문화가 위로 전파된다. 90년대에 우리나라에까지 상륙했던 힙합 문화가 그러하다. 힙합 패션은 헐렁하고 땅에 질질 끌리는 긴 바지에 역시 헐렁한 T셔츠 차림이었다. 이의 발생지는 뉴욕의 할렘가로 범죄가 많아서 우리나라 관광객들에게는 여행 주의 구역으로 알려진 곳이다.

이곳의 흑인 젊은이들은 주머니 사정이 좋지 않아서 가게에서 팔다 남은 빅 사이즈 옷을 헐값에 구입해 입은 데서 비롯되었다. 이곳의 흑인들은 대부분 범죄 경력이 있는 자들이었다. 이들이 감옥에라도 가는 날에는 자살을 방지하기 위해 벨트를 압류했다. 그래서 벨트도 없이 땅에 질질 끌리는 패션이 되었다. 이것이 세계적인 유행이 된 데에는 앞서 지적했듯이 상류사회에 대한 냉소가 숨어 있었기 때문이다.

유행은 처음에는 따르기를 머뭇거린다. 머뭇거리는 시기를 티핑 포인트tipping-point라고 부른다. 그대로 사라지느냐 확산이냐의 갈림길인 셈이다. 그 점을 지나면 이전으로 되돌릴 수 없다 하여 티핑 포인트라고 부른다.

그리하여 사회 전체로 확산되었다가 서서히 사라지거나 클래식으로 남는다. 클래식이란 문화의 형태로 정착되는 유행을 가리키는 말이다.

　유행의 가장 짧은 주기를 패드[fad]라 하고 일상적이 되어 버린 유행은 클래식이라고 부른다. 남자의 정장, 넥타이, 웨딩 드레스 등은 클래식으로 정착한 사례이다.

　미니스커트의 주기는 얼마인가?

　패션 이론에서 가장 치열한 논쟁은 미니스커트 논쟁이다. 경기가 나빠지면 미니스커트가 유행한다는 학설이 있는가 하면, 반대로 경기가 좋아야 미니스커트가 유행한다는 주장도 팽팽하다. 느낌으로는 전자의 주장이 더 그럴싸해 보인다. 경기가 나빠지면 먹고 살기에 지친 남자들이 여자들에게 눈을 돌릴 여력이 없어지고, 이런 남자들의 관심을 끌기 위해 짧은 치마를 입는다는 이야기이다.

　이와 반대로 경기가 좋을 때, 미니스커트가 유행한다는 주장은 여성들이 비싼 실크스타킹을 보여주기 위해 치마를 짧게 입는다는 것이다. 그러나 경기가 나쁠 때는 실크스타킹을 살 돈이 부족하기 때문에 치마를 길게 입는다는 것이 이론의 핵심이다. 그러나 최근에는 치마 길이는 경기와는 상관없이 경제상태나 사회적인 분위기에 따라 유행을 반복한다는 주장이 강하게 제기되고 있다.

결국 복잡한 요인들이 얽히고설킨 사회 현상은 개략적인 트렌드를 예측할 수는 있어도 수학 공식처럼 딱 맞아 떨어지는 이론은 존재할 수 없다는 것이다.

: 범죄

범죄에도 패턴이 있다. 프랑스인 외젠 프랑수아와 비도크는 추리소설 괴도 뤼팽의 실제 모델이었던 사람으로 범죄에 관한 한 달인의 경지에 오른 사람이었다. 평생 동안 도둑, 강도, 인신매매, 밀매, 위조 등 온갖 범죄를 다 저지른 인물로 감옥을 안방처럼 드나들었고 뛰어난 변장술로 50여 차례나 감옥을 탈출한 인물이었다. 그러다가 나중에는 경찰의 협조자가 되어 범죄 소탕에 앞장섰고 만년에는 스스로 사설탐정이 되어 범인 검거에 혁혁한 공을 세운 특이한 인물이었다.

그가 자신의 경험담을 기록한 회고록은 모든 추리소설 작가들에게 교과서가 되었다. 《레미제라블》을 쓴 빅토르 위고도 프랑수아 비도크에서 영감을 얻었으며 발자크의 연작소설 《인간희극》에 등장하는 범죄의 천재 보트랭 역시 비도크에게서 영감을 얻어 창조된 인물이다.

그가 범죄에서 손을 뗀 계기도 재미있다. 감옥에 있을 때 만난 가난한 한 농부 때문이었다. 그 농부는 굶주린 자식들을 위해 약간의 식품을 훔쳤다가 감옥에 들어온 사람이었다. 자신은 재미로 범죄를 저질렀지만 그는 생존을 위해 식품을 훔친 좀도둑에 불과했던 것이다. 이것이 그로 하여금 회개의 눈물을 흘리게 만들었다. 이것을 보면 그는 어쩌면 무척 심성이 착한 사람이었는지도 모를 일이다.

레미제라블에서 장발장으로 하여금 죄를 뉘우치게 만든 것은 신부님이었지만 비도크를 뉘우치게 만든 것은 착한 농부였다. 범죄에서 손을 뗀 그는 사설탐정을 설립하여 무려 2만 명이나 되는 범죄자들을 검거했다. 한때는 자신의 수사관들만 300명에 이르렀고 그가 활약하는 동안 파리의 범죄율은 40%나 줄었다.

가장 유명한 사건 하나만 보자. 유럽의 유명한 범죄단이 파리에 잠입하여 술집에 있다는 정보가 날아들었다. 그러자 경시청은 무려 1천 명의 경찰을 출동시킬 준비를 하고 있었다. 그러나 비도크는 그럴 필요 없다며 단 8명의 경찰만 지원해달라고 했다. 8명에게 수갑을 들고 밖에 기다리게 하고서는 혼자서 술집 안으로 들어간 그는 "음악을 멈춰라. 내가 비도크다!" 하고 소리쳤다.

그러자 파리에 잠입했던 범죄단 일당은 모두 권총과 칼을 떨어뜨리고 순순히 수갑을 찼다.

 그는 반드시 범죄는 앞서 있었던 범죄를 응용해서 모방한다며 범죄의 패턴을 정리하면 반드시 범인을 잡을 수 있다고 확언했다. 그 패턴을 파악하기 위해서는 범인의 진짜 이름, 가짜 이름, 범죄의 유형과 습성, 교우관계 등의 자료를 체계적으로 정리하면 반드시 패턴이 나타난다고 말한다. 비도크가 이끌었던 사설 탐정은 후에 영국 경시청과 미국 연방수사국 창설의 모델이 되었다.

: 전염병

 전염병은 고비마다 인류의 역사를 바꾸어놓았다. 인류의 역사는 어떤 의미에서는 전염병과의 싸움의 역사였다. 역사상 가장 무서웠던 전염병은 천연두와 콜레라였다. 천연두는 인류가 전쟁과 다른 전염병으로 죽은 사람을 모두 합친 것보다 더 많은 생명을 앗아갔다.

 로마제국은 오랜 시간을 두고 일어서고, 오랜 시간 동안 서서히 몰락했지만 그 과정에서 천연두가 한몫을 했다. 로마제국이 쇠퇴하기 시작할 무렵, 메소포타미아 지역으로 원정을 나갔던 군대가 돌아오면서 천연두를 묻혀 온 것이다. 이것이 10여 년 동안 유행하면서 로마 인구를 1/4로 줄여놓았다.

로마가 결정적으로 몰락한 계기는 훈족이 가져온 천연두였다. 훈족의 전설적인 왕 아틸라가 이란족, 반달족, 고트족을 몰아내고 프랑스, 스페인, 북아프리카로 이동했고 마침내 이탈리아로 진격했다. 여기서 다시 천연두가 창궐하면서 로마는 폐허가 되어 버렸다.

전염병의 전파 패턴에 있어서 역학조사의 개념을 처음 도입한 영국의 의사 존 스노우의 공을 잊어서는 안 될 것이다. 역학조사란 어떤 질병이 발생하였을 때, 질병의 원인을 찾는 방법으로 통계적 검정을 통하여 가능성 높은 원인을 밝혀내는 것이다.

1854년 당시 런던에는 콜레라가 크게 유행하고 있었다. 그때까지만 해도 콜레라의 병원균이 발견되기 이전이어서 발병의 원인조차 모르고 있을 때였다. 의사였던 존 스노우 경은 런던 시가지 지도를 놓고서 콜레라 환자가 발생한 지역을 지도에서 표시해보았다. 그랬더니 특정 상수원 수돗물을 사용하는 지역과 정확하게 일치한다는 사실을 확인했다. 이것이 역학조사의 기원이었다.

'펠라그라'라는 질병은 나병의 일종으로 알려져 오랫동안 전염성 질환으로 관리되어 오고 있었다. 그러다가 1914년 골드버그에 의해 펠라그라는 전염성 질환이 아닌 동물성 단백질에 내포된 나이아신의 결핍에 의한 병임이 밝혀졌다. 골드버그는 고아원, 정신병원, 시설 수용자 등을 방문하여 자료를 수집하다가 의사나 간호사 중에는 펠라그라 환자가 한 명도 없다는 사실을 발견해내고 죄수들에게 동물성 단백질이 없는 식사를 제공하여 인위적으로 펠라그라 환자를 만드는 데 성공하였다.

폐암의 원인이 발견된 것도 1950년대였다. 입원 중인 폐암 환자를 대상으로 과거 흡연 경력을 조사하고 비폐암 환자와 대조 비교하여 폐암과 흡연과의 관계가 입증되었다. 얼마 전 우리나라에서 발생했던 원인불명의 폐질환은 가습기의 살균제 때문일 가능성이 매우 클 것으로 알려졌다.

전염병과 사람은 3단계의 적응과정을 거친다.

三 유행성 단계 – 풍토성 단계 – 공생 단계

처음 전염병이 번질 때는 대대적인 유행을 거치지만, 그후로는 일정 수준의 감염률을 유지하는 수준으로 머물거나 공생 단계의 풍토병으로 남는다. 따라서 오랫동안 특정 전염병과 함께한 사람들은 적응이 되어 그리 무서운 병이 아니지만 처음 접하는 사람들에게는 치명적인 전염병이 된다.

남미의 아즈텍 문명의 사례를 보자. 1518년 스페인 군대가 아메리카에 상륙했을 때, 천연두도 이들과 함께 아메리카에 상륙했다. 이 병에 대해 면역이 전혀 없었던 아즈텍인들은 제대로 싸워보지도 못하고 몰락했다. 천연두가 퍼지기 시작하면서 단 3년 만에 아즈텍 인구는 6.5% 선으로 줄어들었다.

14세기 유럽을 휩쓸었던 페스트는 중앙아시아 초원의 쥐들이 무역항을 따라 혹은 몽골군의 이동로를 따라 유럽에 상륙하면서 유럽 인구의 1/3을 앗아갔으며 중세가 몰락하는 계기가 되었다.

19세기 초 나폴레옹의 60만 대군은 폴란드를 거쳐 러시아 원정길에 올랐다. 이때 폴란드의 풍토병 발진티푸스가 전염되어 전사자보다 발진티푸스로 죽은 병사가 더 많았다. 발진티푸스는 폴란드의 풍토병으로 현지인들에게는 대단한 병이 아니었지만 이를 처음 접하는 나폴레옹 군대에게는 치명적이었다.

지구온난화와 관련하여 대대적인 말라리아의 유행을 우려하는 학자들이 많다. 알다시피 말라리아는 열대성 전염병으로 더운 지역에서는 매년 5억 명이 감염되어 200만 명이 목숨을 잃는 전염병이다. 그러나 사계절 구분이 뚜렷한 북반구는 그리 심각한 병이 아니었다. 겨울 동안 모기들이 대부분 죽기 때문이다. 그러나 지구온난화가 진행되면서 모기는 지구촌 전역으로 퍼지면서 일 년 내내 인간과 같이 생활할 수 있게 되었다. 세계보건기구는 아프리카, 남미, 아세아 지역 일대를 중심으로 말라리아가 확산되고 있다고 경고한다.

우리나라도 이제 말라리아 위험지역으로 분류될 가능성이 아주 높다고 전문가들은 말한다. 지구온난화로 말라리아가 북상하고 있는 데다가 남북이 대치하고 있는 휴전선이 모기의 천국이 되어 가고 있기 때문이다.

휴전선은 모기의 번식에 최적지로 알려지고 있다. 모기는 물과 따뜻한 기온만 갖추면 천국이다. 근래에 들어 우리나라는 수시로 비가 내리는 기후로 바뀌어 물이 풍부해지고 기온도 점점 더 따뜻해지고 있다. 게다가 휴전선 일대는 남북으로 수십만의 병력이 대치하고 있어 모기로서는 안성맞춤이라는 것이다. 말라리아는 1993년에 휴전선 부근에서 발병한 이래 빠르게 확산되고 있다.

: 임계치

현대인들은 인터넷이 없이는 생활이 불가능할 정도로 인터넷에 의존하게 되었다. 다시 인터넷은 전기에 의존하고 있고 전기는 다시 석탄, 석유, 핵발전 등에 의존하고 있다. 그러나 이들을 가동하기 위해서는 다시 전기가 필요하다.

존 캐스티 박사는 자신의 저서 《X-이벤트》에서 복잡성이 통제할 수 없을 정도로 증가하여 임계치에 이르거나 두 집단 사이에 복잡성의 격차가 커지면 X-이벤트로 이어진다고 말하고 있다. 이를 막기 위해서는 복잡성을 낮추어야 하지만 이는 거의 불가능하다. 일단 굴러가기 시작한 시스템이 자발적으로 복잡성을 낮춘 사례는 서로마가 망하고도 1천 년 이상 더 지속된 동로마(비잔틴 제국)뿐이다라고 저자는 지적한다.

그릇에 가득찬 물을 넘치게 하는 것은 마지막 한 방울의 물이다. 시스템이 건강할 때는 웬만한 충격을 자체적으로 흡수할 수 있지만, 임계치에 이르면 한 방울의 물로도 시스템은 붕괴될 수 있다.

자연계에서는 우라늄의 폭발이 가장 전형적인 임계치 현상이다. 우라늄처럼 질량이 무거운 물질들은 상태가 불안하기 때문에 스스로 중성자를 방출하면서 질량을 감소시킨다. 질량이 절반으로 줄어드는 기간을 반감기라 부른다. 반감기가 1만 년이라면 1만 년 후의 무게는 절반으로 줄어든다는 의미이다. 그러나 질량이 일정 규모 이상이 되면 방출되는 중성자들이 원자핵과 충돌을 일으키면서 거대한 폭발이 일어난다. 이것이 원자폭탄의 원리이다. 우라늄 원자 235가 스스로 폭발하기 위한 임계 질량은 20kg 정도라고 한다. 이것을 사람들은 우연이라고 말한다.

노벨 생리의학상을 수상한 프랑스의 자크 모노 박사는 《우연과 필연》이라는 저서에서 생명의 기원과 진화 역시 우연에 따른 결과라고 주장했다. 전혀 예측할 수 없는 우발적 사건이 DNA 구조에 자리를 잡으면 스스로 복제되어 그 특성이 발현된다는 것이다.

최초의 원자론자였던 그리스의 데모크리토스 역시 삼라만상은 원자들의 이합집산으로 연출해내는 '우연과 필연의 열매'라고 주장했다. 그리하여 돌연변이와 같은 우발적인 사건 하나가 필연의 세계로 들어가게 된다고 말한다. 우연이 계기가 되고 결과는 필연적으로 나타난다. 결국 모든 사건은 발생에 필요한 임계 요건을 갖추었을 때, 우연이라고 불릴 수 있는 아주 작은 요인에 의해서 얼마든지 일어날 수 있다는 것이다. 이것이 사람들에게 우연으로 보일 뿐이다.

역사가들 사이에서는 1차 세계대전을 우연의 결과로 보는 사람들이 많다. 오스트리아 황태자가 세르비아를 방문했을 때, 황태자 부처를 태운 운전수가 현지 지리에 어두워 골목길을 잘못 접어들었다. 골목을 돌아서 빠져나오느라 머뭇거리는 사이 세르비아 애국청년단 소속의 한 청년이 황태자 부처에게 총을 겨눈 것이다. 황태자 부처는 그 자리에서 숨졌다. 당시 황태자비는 임신 6개월이었다. 이것이 800만 명이 목숨을 잃은 전쟁으로 이어졌다.

그러나 이 사건은 우연처럼 보일 뿐, 필연적이었다. 1914년 사라예보에서 일어난 오스트리아 황태자 프란츠 페르디난드 대공의 암살사건이 1차 세계대전이 일어난 원인이라는 주장에 대하여, 이는 우연처럼 보일 뿐 필연적인 우연이라고 보는 것이 정설이다.

당시 오스트리아와 러시아는 세르비아의 지배권을 놓고 첨예하게 대립하고 있었다. 세르비아 뒤에는 같은 슬라브족인 러시아가, 오스트리아 뒤에는 같은 게르만족인 독일이 버티고 있었다. 여기에 알사스 로렌지방에 대한 프랑스의 욕심, 유럽의 동맹체제, 심지어 군수품 제조업자들과 국제은행가들의 이익까지 얽혀 있었다. 누가 먼저 방아쇠를 당기느냐 하는 문제만 남아 있던 상황에서 오스트리아 황태자가 저격을 당한 것이었다. 운전수가 길을 잘못 접어든 작은 사건은 필연적 우연이었다.

《X-이벤트》는 존 L. 캐스티 박사가 쓴 책으로 현대처럼 모든 것이 서로 복잡하게 얽힌 사회에서는 어느 하나의 고리가 끊어지면 시스템 전체가 붕괴될 수 있다는 이론이다. X는 extreme(극단)의 약자다. 복잡성이 임계치상태에 이르면 언제든 큰 사건이 일어날 수 있다는 것이다. 이것이 필연적인 우연이다.

로마의 멸망 원인은 로마사를 연구하는 학자들의 수만큼 많다. 긴 방어선을 가진 지리적 구조, 전염병으로 인한 인구감소, 경제적 한계, 불안전한 귀족문화, 기독교의 전파, 게르만족의 침입 등 수없이 많다. 이를 복잡성의 증가로 해석하자면, 여러 요인들이 얽히고설킨 가운데 이를 해결할 에너지마저 고갈되면 멸망이라는 X-이벤트로 이어질 수밖에 없다는 것이다.

지리적 구조를 보자. 로마는 마치 장화처럼 길게 뻗은 반도형 지형이다. 그리고 주위로는 지중해가 넉넉하게 펼쳐져 있다. 넓은 바다는 국력이 강성할 때는 밖으로 뻗어나갈 수 있는 관문이 되었지만 국력이 약해지면 반대로 방어선이 된다. 해안선과 라인 강과 도나우 강으로 이어지는 2,400km의 국경선을 지키기 위해서는 그만큼 많은 에너지가 필요했다.

전염병의 창궐로 인한 인구감소로 국경을 지킬 인력이 부족해지자 게르만 용병을 불러들였고, 이것이 화근이 되어 마지막 황제 로물루스 아우구스툴루스가 게르만 용병대장에 의해 폐위되면서 문을 닫게 되었다는 주장이다.

경제적 취약성도 마찬가지다. 정복전쟁에서 얻은 전리품이 풍부하던 시절에는 여유가 있었으나, 더 이상 정복할 땅이 없어지자 경제도 흔들리기 시작했다. 남은 땅으로 게르만과 페르시아가 있었지만 게르만은 빼앗아 봐야 먹을 것이 없었고, 페르시아는 노쇠해진 로마로서는 너무 강한 상대였다.

영국의 역사학자 기번은 로마의 몰락 원인을 기독교에서 찾고 있다. 로마가 기독교를 받아들임으로써 황제에 대한 충성심이 허약해졌다는 지적이다.

이 모든 몰락 원인은 모두 일리가 있다. 반대로 생각해보면 몰락 원인이 다양하다는 것은 여러 면에서 혼란이 임계치에 달했다는 것을 의미한다. 작은 사건으로도 충분히 몰락할 수 있다는 해석이 가능하다.

2010년 아프리카 튀니지에서 일어났던 재스민혁명을 보자. 대학을 졸업하고도 일자리를 찾지 못한 26세 청년 모하메드 부아지지라는 청년이 시청 앞에서 과일행상을 하고 있었다. 물론 무허가였다. 이에 경찰이 과일 리어카를 빼앗고 과일을 길바닥에 내동댕이치는 등 폭력적인 단속을 하자, 청년은 이에 항의하여 분신자살을 했다. 이 사진이 페이스북을 통해 퍼지자 시위는 아랍 전역으로 번져 나갔다. 이 사건을 계기로 24년 동안 장기집권을 했던 벤 알리 튀니지 대통령의 정권이 무너지고 혁명은 이웃 나라들로 번졌다.

이집트에서는 30년 독재의 무라바크 대통령이 물러났고, 42년 독재의 리비아 카다피는 피살됐으며, 33년 독재의 예멘 압둘라 살레 대통령이 물러났고, 12년 독재의 시리아 알 아사드 역시 권좌에서 쫓겨났다. 이 사건 역시 전형적인 양의 피드백이었다. 양의 피드백이 일어나기 위해서는 잠재적인 토양이 존재해야 한다. 이들 나라 모두 민생이 피폐해진 상태에서 국민들이 장기독재에 염증을 내고 있었던 것이다. 이것이 한 청년의 분신자살로 인해 거대한 폭발로 이어진 사례였다. 재스민은 튀니지의 국화이다.

9.11 테러도 기독교 세력의 종주국인 미국과 이슬람 세력 간의 갈등이 임계치에 이른 상태에서 일어난 X-이벤트였다. 지금 우리가 살고 있는 사회는 2차 세계대전 이후로 복잡성이 상상할 수 없을 정도로 증가했다. 군사, 기술, 금융, 산업의 모든 시스템이

서로 얽혀 있다. 가정에서 조그만 고장이 나도 소위 전문가라는 사람을 불러야 해결할 수 있을 정도로 복잡해져 있다.

사소한 예로 미국의 슈퍼마켓에는 애완견 사료만 해도 17가지가 진열되어 있다. 이제는 GPS가 없이는 낯선 길을 나설 엄두도 내지 못하는 것이 지금의 사회이다. 인프라와 인프라가 꼬여 있어 나중에는 관료주의처럼, 되는 일도 되지 않는 일도 없는 그런 사회를 지향하고 있다. 월가의 금융 파생상품들은 하버드 대학 출신의 수학 박사가 아니면 이해하기 힘들 정도로 복잡하다. 이것이 2008년의 금융위기를 불러일으켰다.

존 L. 캐스티는 X-이벤트에서 11가지 가상적인 대형 사건을 들고 있다. 몇 가지를 소개해보면 이렇다.

어느 날 갑자기 인터넷 통신망이 작동불능에 빠지고 물과 식량의 부족으로 수많은 사람들이 죽어간다. 환경오염으로 벌들이 사라지고 벌의 도움을 받지 못하는 농작물들은 열매를 맺지 못한다. 어떤 항생제도 듣지 않는 슈퍼해충이 나타나 식량위기는 절정에 달한다. 테러리스트들이 EMT 폭탄을 터트려 모든 전자기기의 작동이 멈춘다. 유럽 연합이 붕괴되고 인간이 만든 블랙홀에 지구가 빨려 들어가는 사건이 일어난다.

핵 위기는 더욱 가공할 정도다. 10여 국이 핵무기를 가진 상태에서 의도적이든 실수든 핵은 언제든 폭발할 준비를 갖추고 있다. 이것이 테러리스트들의 손에 들어간다면 인류는 치명적인 사태를 맞게 될 것이다. 일본의 원전 사고에서 보듯 세계 도처에 깔려 있는 원전도 언젠가는 사고로 이어진다. 그리 멀지 않은 장래에 석유가 고갈되고 모든 교통수단이 멈추며 지구촌에는 기아와 전염병이 창궐하게 될 수도 있다는 것이 그의 가상 시나리오다.

좀 더 가깝게 느껴지는 것은 금융의 붕괴이다. 글로벌 공동체가 세계 금융 시스템의 보전을 위해 예금보험, 금융 규제, 중앙은행이라는 삼중의 안전장치를 마련했으나, 오히려 이 삼중구조는 문제가 발생할 때마다 아무도 그 책임을 지지 않는 구조가 되어 버렸다. 그 때문에 세계 금융 시스템은 리스크가 계속 확대되는 악순환을 반복해 결국 글로벌 디플레이션에 직면한다.

2008년에 있었던 월가의 금융위기는 너무나 복잡해진 파생상품 때문에 일어난 것들이었다. 파생상품이란 채권을 주식으로 만들어 다시 다른 사람에게 파는 것으로 위험을 남에게 전가시키는 금융상품의 일종이다. 마치 어린 시절에 했던 수건돌리기가 폭탄돌리기와 같다. 그러다가 어느 한 고리가 끊어지면 전체가 붕괴된다.

20세기 후반의 가장 극적인 사건은 베를린 장벽의 붕괴일 것이다. 1989년 11월 9일 밤, 동독 정부는 동독 주민들의 여행 자유화에 대한 기자회견을 가질 예정이었다. 당시까지만 해도 동독은 통일을 원하지 않았으며, 서독은 동독 주민의 인권과 민주 정권을 세우는 것이 목표였을 뿐 역시 통일은 생각도 못하고 있었다. 동독의 공산당 서기장 호네커가 서독을 방문하고 돌아오자 동독 주민들은 우리에게도 여행의 자유를 달라고 요구하고 나섰다. 주민들의 요구가 거세지자 이를 무마하기 위한 동독 정부의 여행 자유화에 대한 기자회견을 연 것이다. 외국 여행은 물론 서독을 통한 여행도 허락하겠다는 내용이었다.

그러나 이 조치를 발표할 당사자였던 동독 정치국 대변인 퀸터 샤보브스키는 휴가를 다녀오느라 발표 내용을 충분히 숙지하지 못한 상태였다. 발표문을 읽고 나자 기자들의 질문이 쏟아졌다. 특히 이탈리아 기자 리카르도 에르만이 끈질기게 물고 늘어졌다. "서독도 여행 자유지역에 해당되느냐?" "언제부터 시행되느냐?" 하는 질문공세였다. 그러자 이에 대한 상부의 지침을 미처 확인하지 못했던 샤보브스키는 얼떨결에 "지금 즉시, 지체 없이!"라고 대답했다.

그러자 리카르도 에르만 기자는 황급히 기자회견장을 빠져나가 본사에 '베를린 장벽이 붕괴되었다'는 기사를 송고했고, 이 소식이 방송을 통해 전해지자 동독 주민들은 일제히 베를린 장벽으로 몰려들어 장벽을 무너뜨렸던 것이다.

사회 현상들도 임계치를 가진다. 모순과 갈등이 임계치에 이르면 아주 조그만 충격으로도 거대한 폭발이 일어난다. 1930년대의 대공황이나 1987년 10월에 있었던 뉴욕 증시 대폭락 사건도 임계치 상황으로 봐야 할 것이다. 우리나라에 불어 닥친 IMF 사태도 이런 현상 중 하나이다. 전문가들도 사태가 코앞에 닥치기 전까지는 거의 사태를 예측하지 못한 사건들이었다.

여러 해 전 미국에서 세상을 떠들썩하게 했던 금융 사건 하나를 보자. 롱텀 캐피털 매니지먼트라는 금융회사였다. 사실 이 회사는 수학 박사와 경제학 박사, 나중에는 박사도 모자라 노벨상 수상자 슐츠와 로버트 머튼도 참여한 세계 최강의 금융팀이었다. 처음에는 연 수익률 59%라는 경이적인 실적을 기록하기도 했으나 사소한 리스크가 우연처럼 끼어들면서 하루아침에 파산하고 말았다. 임계 상황에서는 작은 우연 하나가 거대한 폭풍이 될 수 있다는 이야기이다. 나비효과와 같다고나 할까.

그러나 실증주의적 역사가들은 우연의 의미를 낮게 평가하고 있으며 마르크스는 역사에서 우연을 거의 무시하고 있다. 역사는 나아가는 방향이 있으며 우리가 우연이라고 부르는 것은 잠시 나아갈 길을 찾는 과정에서 일어나는 사소한 현상일 뿐이라고 주장했다. 영국의 역사가 E. H. 카는 역사에 우연은 존재하지 않는다고 말한다. 큰 결과가 있기 위해서는 여러 요인들이 도로를 닦듯이 과정을 만들어간다는 것이다.

그는 이렇게 적고 있다.

"오늘날 역사에서 우연의 역할은 그것을 중시하는 사람들에 의해 지나치게 과장되어 있다. 물론 우연은 확실히 존재한다. 다만 그것이 역사를 가속시키거나 지체시킬 뿐 바꿀 수 있다는 말은 속임수에 불과할 뿐이다."

기원전 44년, 카이사르가 암살당하자 로마의 패권은 안토니우스와 옥타비아누스의 대결로 압축되었다. 그러나 중대한 시점에서 안토니우스는 부인을 버리고 클레오파트라의 미모에 빠져 있었다. 공교롭게도 안토니우스의 부인은 옥타비아누스의 누이동생이었다. 옥타비아누스는 여동생의 복수를 다짐했다. 마침내 두 사람 간의 최후의 전투가 벌어졌고 악티움 해전에서 옥타비아누스가 승리를 거둠으로써 로마는 옥타비아누스(후에 아우구스투스 황제)에게로 넘어갔다.

천재 수학자였다가 후에 명상 철학자로 변신한 파스칼은 그 사건에 대해 이렇게 적고 있다.

"나로서는 무엇인지 모르는 것, 그 하찮은 것이 세상을 움직이고 있는 것이다. 클레오파트라의 코가 조금만 더 낮았더라면 지구의 모든 표면은 변했을 것이다."

: 시스템 붕괴

큰 사건이나 사고가 일어나기 전에는 반드시 이를 알리는 징후가 나타난다. 2008년 중국 쓰촨성 지진 때는 두꺼비 수십만 마리가 집단으로 이동을 하고, 겨울잠을 자던 뱀들이 무더기로 기어 나오고, 쥐들이 떼로 이동했다. 저수지 바닥이 갈라지면서 물이 모두 사라지는가 하면, 특이한 모양의 구름이 끼기도 했다. 비둘기들은 이상한 소리를 지르며 떼를 지어 공중을 맴돌았다. 이것들이 지진의 징후들이다. 지진이 일어나기 전에는 지층의 충돌이 먼저 일어나고 여기서 발생하는 전류가 동물들에게 전달된다는 것이다.

미 해군장교 출신으로 보험감독관으로 일했던 하인리히는 보험사에 접수되는 사건들을 분석하여 자신의 이름을 딴 '하인리히의 법칙'을 내놓았다. 한 번의 큰 사고가 일어나기 전에 29번의 경미한 사고가 지나가고, 사고로 이어지지는 않았지만 사고가 날 번한 경우가 300회 정도 지나간다는 이야기이다.

시스템이 붕괴될 때는 반드시 징후가 나타난다. 시스템이 건강할 때는 웬만한 충격은 스스로 흡수할 수 있지만, 시스템이 전반적으로 부실해졌을 때는 조그만 충격에도 시스템이 붕괴될 수 있다는 것이다. 시스템의 건전성을 나타내는 지표가 10가지가 있다고 할 때, 대략 5개 이상 동시에 빨간불이 들어오면 임계상태가 된다고 한다.

인도의 정신적 스승 간디는 나라가 망할 징조로 7가지를 제시하고 있다.

1. 원칙이 무시되는 정치
2. 무위도식하는 부유층이 급증하는 경제구조
3. 쾌락이 만연하는 사회
4. 인성이 무시되는 교육
5. 희생이 없는 종교
6. 도덕심이 결여된 사회풍조
7. 인간성이 고갈된 과학

우리나라는 간디가 제시한 징조 중 몇 가지가 해당될까?

아마 거의 전 항목에서 자유롭지 못할 것 같다는 슬픈 생각이 든다. 간디가 나라가 망할 징조로 들지 않았지만 현재의 관점에서 보면 '소득불평등'이 가장 위험한 징조이다. 소득분포의 불균등한 정도를 나타내는 지니계수를 보자. 지니계수는 완전평등을 '0', 완전불평등을 '1'로 보고 소득분포를 나타내는 방식이다.

이 지수가 0.35를 넘으면 상당히 불평등한 정도로 사회불안이 우려되는 수준이다. 지니계수가 0.4에 이르면 언제든 사회적 폭동이 일어나고 0.5를 넘으면 혁명으로 이어질 수 있다고 한다. 지니계수는 미국이 0.46, 브라질이 0.53, 중국은 2012년 지니계수를 0.47로 발표했으나 전문가들은 그 이상일 거라고 확신한다. 중국이 작성하는 통계를 믿을 수 없다는 이야기이다. 실제로 중국의 지니계수는 이미 0.6을 넘은 것으로 추정되고 있다. 이는 청조 말기 태평천국의 난이 일어났을 때와 비슷한 수준이다. 우리나라의 지니계수는 0.32 수준으로 위험수위에 접근하고 있다.

명품과 지니계수는 밀접한 상관관계가 있다. 지니계수가 높을수록 명품이 잘 팔린다는 이야기이다. 지니계수가 높다는 것은 절대다수가 가난한 반면 상위 5~10%의 부자들은 터무니없이 많은 부를 쌓아 두고 쓸 곳을 찾느라 애를 쓴다. 그래서 소득분배가 불공평한 나라일수록 명품이 잘 팔린다.

중국 부자들 사이에서는 요즘 회춘이불이 유행이다. 그걸 덮고 자면 회춘을 한다는 이야기이다. 이불 한 채 값이 100만 위안(우리 돈으로 1억 8천만 원)에 이른다. 그래도 없어서 팔지 못할 정도라고 한다.

우리나라에서 명품이 잘 팔리는 것도 소득불평등과 무관하지 않을 것이다. 사회건전성 지표로 흔히 지니계수, 부정부패, 청년 실업률, 이혼율, 자살률 등을 든다. 우리나라의 경우 우리나라의 자살률은 10만 명당 33.5명으로 OECD 국가들 중에서 9년 연속 1위이며, 이들의 평균보다 2배나 높다. 하루 평균 42명이 자살을 한다는 이야기이다. 이를 하인리히의 법칙으로 역산해보면 12,600명이 자살을 생각한다는 것이다. 자살률뿐 아니라 실업률 그중에서도 청년 실업률, 이혼율 등이 대표적인 사회불안 요인들이다.

우리 사회는 지금 상당히 불안정한 상태라는 이야기가 된다. 다수의 지표들에 빨간 불이 들어와 있는 상태이다. 게다가 북한의 핵무장이라는 새로운 사회불안 요소가 등장하고 있다. 정치인들이 이의 심각성을 깨달았으면 하는 마음 간절하다.

: 닫힌 사회와 열린 사회

아인슈타인은 1905년 특수상대성 이론을 발표한 이후, 11년 만인 1916년 3월에 일반상대성 이론을 발표했다. 그의 상대성 이론은 지금도 그러하지만 당시로서는 너무나 파격적이어서 일반인들은 물론 당대의 전문가들도 소수의 몇 사람을 제외하고는 거의 이해할 수 없는 수준이었다.

여기서 아인슈타인은 상대성 이론을 발표하면서 자신의 이론을 검증할 수 있는 방법 3가지를 함께 제시했다. 그중 하나가 태양이 가려지는 개기일식에는 별빛이 태양의 중력 때문에 휘게 될 거라는 예측이었다.

그로부터 3년 후인 1919년 5월에 서아프리카에서 개기일식이 있었다. 많은 과학자들이 들뜬 상태에서 이를 확인하기 위해 나섰다. 영국의 천문학자 아서 스탠리 에딩턴이 지휘하는 관측팀은 서아프리카와 브라질 두 곳으로 관측팀을 파견하였다. 서아프리카는 개기일식 현장이었고 브라질은 같은 시각 깜깜한 밤이었다. 같은 시각에 각기 다른 지역에서 별들의 사진을 찍어 이들의 위치를 비교하기 위해서였다.

그 결과 개기일식이 있는 곳에서는 별빛이 태양 주위에서 1.75" 정도 휘어지면서 지구에 도달한다는 사실이 확인되었다.

에딩턴은 이 관찰 결과를 영국의 천문학회에서 발표했고 이것으로 아인슈타인의 상대성 이론은 진리임이 입증되었다. 이처럼 검증을 거쳐 확인된 진리가 진정한 진리이다.

오스트리아 출신으로 영국에서 활동했던 과학철학자 칼 포퍼는 자신의 이론에 대해 검증 방법까지 제시한 아인슈타인의 태도에 큰 감명을 받았다. 그는 검증, 곧 반증의 가능성을 열어둔 가설만이 진리가 될 수 있다고 생각했다. 칼 포퍼는 전체주의가 기승을 부리던 시기를 살았던 사람으로, 한때는 사회주의에 몸 담기도 했으나 그들의 독선적 사고와 도그마적인 이론에 회의를 느끼고 반대자로 돌아선 사람이었다.

그는 역사를 어떤 법칙에 끼어 맞추거나 자신들의 생각만이 옳다고 주장하는 플라톤, 헤겔, 마르크스의 이론이나 히틀러의 전체주의에 심각한 회의를 느꼈다. 그러나 이들을 공격할 이론적인 틀을 갖지 못하고 있었다. 그러다가 아인슈타인의 검증을 보고 모든 진리는 반증의 가능성을 열어두었을 때에만 가치가 있다고 여겼던 것이다.

그가 고민했던 문제는 전체주의의 위협을 극복하고 자유와 번영을 누리면서 평화롭게 공존할 수 있는 체제가 무엇인가 하는 것이었다. 그 해답이 바로 '열린 사회'였다. 누구든 자신의 생각이 틀릴 수 있다는 것을 전제로 하고서, 반증의 가능성을 열어두어야 하며 비판과 토론을 통해 잘못을 하나씩 고쳐나가는 제도여야 한다는 것이 칼 포퍼의 생각이었다. 그래서 그는 '나만이 옳다'는 도그마를 미워했으며 반증 가능성이 차단된 이론은 과학이 아니라고 보았다.

그는 이렇게 적고 있다.

"비판할 수 없다면 진리가 아니다!"

칼 포퍼는 헤겔에 대해 기초도 되어 있지 않은, 말만 어렵게 만드는 어용철학자라고 비난했고, 마르크스의 결정론적 세계관을 비난하면서 자본주의에 대한 그의 엉터리 예언을 비판했다. 살아있는 생명체처럼 움직이는 역사를 하나의 추상적인 틀에 가두려는 이들의 독단이야말로 열린 사회의 적들이라는 것이었다.

그러나 마르크스 사상의 출발점은 긍정적으로 평가하고 있다. 마르크스가 자본론을 쓸 당시는 산업혁명으로 농민들이 토지를 잃고 도시 빈민이 되어 척박한 대우를 받는 노동자로 전락해있을 때였다. 그래서 마르크스는 "세계의 노동자들이여 단결하라!"고 외쳤던 것이다. 그러나 마르크스는 검증되지 않은 가설을 가지고 역사의 법칙이라고 주장하면서 개인의 자유를 말살시키고 전체주의로 몰아갔다는 비판이었다.

과학자들이 새로운 이론을 제시하면 다른 과학자들의 검증과정을 거치게 된다. 여기서 오류가 발견되지 않아야 타당한 이론으로 자리할 수 있다. 만약 문제점이나 단서가 붙는다면 수정 과정을 통해 과학은 발전하는 것이다.

뉴턴의 이론이 그러했다. 뉴턴의 법칙이 진정한 과학인 것은 모든 반증의 가능성을 열어두었기 때문이다. 그리하여 다시 이를 수정, 보완한 아인슈타인의 상대성 이론이 나올 수 있었고, 다시 양자역학이 나올 수 있었다. 칼 포퍼는 한때 오스트리아 사회민주당 당원이 되었으나 마르크스주의자들의 독선적이고 비인간적인 태도에 환멸을 느끼고 그들의 공격에 앞장선 인물이 되었다.

그는 이런 명언을 남기고 있다.

"젊어서 마르크스주의에 빠지지 않으면 바보지만, 그 시절을 보내고도 마르크스주의자로 남아 있으면 더 큰 바보다."

칼 포퍼가 생각하는 민주주의는 '점진적 민주주의'였다. 정치적 토론 과정을 통해 '오류를 제거해나가는 과정'이 민주주의라고 생각한 것이다. 한 장의 청사진을 걸어놓고 급진적으로 사회를 개혁하려는 전체주의적인 시도는 자유는 물론 경제까지도 파괴한다며 토론과 비판을 통한 점진적인 접근만이 합당한 방법이라고 생각한 것이다.

그는 또 국가의 당면한 목표는 국민의 행복보다 국민의 고통을 덜어주는 것이 더 중요하다고 생각했다. 자본주의는 불평등을 낳을 수밖에 없기 때문에 빈곤, 실업 등으로 고통받는 서민들의 삶을 향상시켜주는 것이 국민의 행복을 추구하는 것보다 급선무라고 생각했다. 자유로운 토론과 비판을 통해 점진적으로 그런 사회를 만들어가자는 생각이었다.

그런 점에서는 칼 포퍼는 다소 케인즈에 가깝고, 서민 위주의 분배를 해야 한다고 강조한 점에서는 다소 사회민주주의에 가깝다.

어느 경우든 칼 포퍼는 양 극단을 가장 경계했다. 과학이든 정치든 '우리는 모두 틀릴 수 있다'는 전제에서 출발해야 한다는 것이 그의 주장이다. 이것이 칼 포퍼가 제시한 '경험적 반증'이었으며, 적어도 경제학에서는 그의 이론을 받아들이고 있다.

역사도 어느 법칙에 따라 직진하거나 순환하는 것이 아니라 시행착오를 거치며 때로는 후진도 하면서 갈지자(之) 걸음으로 나아간다는 것이 칼 포퍼의 생각이었다.

: 패러다임의 차이

칼 포퍼의 이러한 생각은 과학사학자 토마스 쿤의 생각과도 아주 흡사하다. 토마스 쿤은 과학에는 어떤 패러다임이 존재한다고 말한다.

패러다임이란 그에 의하면 '과학자와 사회구성원들에 의해서 공유되는 신념, 가치 등을 망라하는 총체적 개념'이다. 그냥 세상을 바라보는 '창(窓)' 혹은 하나의 가설이라고 해도 좋을 것이다.

어떤 현상을 설명하는 하나의 가설이 있다고 하자. 처음에는 현상을 대부분 설명할 수 있었으나 시간이 지나면 그 가설로는 설명할 수 없는 현상이 나타나기 시작한다. 그러면 과학자들 사이에서는 예외적인 현상을 무시하거나 아니면 기존의 이론으로 억지 해석을 하려 든다. 이런 현상이 좀 더 누적되면 과학은 새로운 가설에 의한 새로운 패러다임으로 교체된다는 것이다. 그러나 새롭게 탄생한 패러다임이 영원불변의 진리는 아니라는 이야기이다. 다만 현상을 설명하기에 좀 더 유용한 것일 뿐이라고 말한다.

천동설과 지동설을 보자. 아리스토텔레스로부터 프톨레마이오스로 이어지는 천동설에 의하면 지구는 우주의 중심에 고정되어 있고 그 주위를 태양, 달, 별들이 돌고 있다. 적어도 인간의 시각으로 보면 분명한 진리였다. 태양, 달, 별들이 모두 동에서 뜨고 서로 지는 것이 그 증거라고 생각했다. 그러다가 일부 행성들은 전진만 하는 게 아니라 때로 후진하는 현상들이 발견되었다.

실제로 화성은 지구와 가까워지면 운행을 멈추고 후진하는 것으로 관측되었다. 이를 설명하기 위해 등장한 것이 프톨레마이오스의 주전원운동이었다. 즉 화성이 자체적으로 작은 원을 그리면서 다시 지구를 중심으로 큰 원을 그린다는 것이었다. 이것으로 행성들의 후진 현상을 어느 정도 설명할 수 있었다.

그러다가 코페르니쿠스에 의해 태양을 중심으로 다른 천체들이 공전을 한다는 가설이 등장하면서 예외적인 현상들을 모두 설명할 수 있게 되었다. 현대인들은 코페르니쿠스의 지동설을 진리라고 믿겠지만, 이것도 모순이 드러날 때까지만 유효한 진리라는 것이 토마스 쿤의 생각이었다.

뉴턴의 물리학도 아인슈타인의 상대성 이론에 의해 부분적인 진리일 뿐이다. 아인슈타인의 상대성 이론도 양자역학에 이르면 한정된 진리일 뿐이다. 뉴턴의 역학은 지구 위에서 일어나는 물리적인 현상들을 설명하기에 합당하고, 아인슈타인의 이론은 우주를 설명하기에 적합한 이론이며, 양자역학은 미시의 세계를 설명하기에 합당한 이론일 뿐이라는 것이다.

토마스 쿤이 《과학혁명의 구조》를 쓴 계기가 재미있다. 하버드 대학에서 인문, 사회과학 학부 학생들에게 '자연과학'을 이해하기 쉽게 강의해달라는 주문을 받았다. 인문, 사회과학 학부 학생들이니 어려운 공식이 들어가는 강의가 아닌, 과학을 쉽게 이해할 수 있는 내용이어야 했다. 자연과학 개론 정도였을 것이다. 이 강의를 위해 토마스 쿤은 먼지 낀 아리스토텔레스를 꺼내어 읽으면서 아리스토텔레스의 생각과 뉴턴의 생각이 근본적으로 다르다는 것을 깨달았다.

그렇다고 어느 사람의 이론이 틀렸다고 단정할 수 있는가?

물론 현대 물리학의 관점으로 보면 아리스토텔레스가 많이 틀리고 뉴턴은 조금밖에 틀리지 않았지만 '틀렸다'고 단정하기보다는 서로 '관점이 다르다'는 정도가 합당하다는 것이었다.

예를 들면 빛은 입자라고 보면 입자의 성격을 가지고 있고, 파동이라고 보면 파동의 성질도 가지고 있다. 현대 과학의 입장에서 보면 빛은 입자이자 파동이지만 이 역시 불변의 진리라고는 아무도 단정할 수 없다는 것이다. 그렇게 하여 쓴 것이 《과학혁명의 구조》이다.

그에 의하면 과학의 발전은 벽돌을 쌓듯이 점진적으로 이루어지는 것이 아니라 패러다임의 교체에 의해 혁명적으로 이루어진다. 이 변화를 그는 '과학혁명'이라고 불렀다. 그는 과학 분야뿐 아니라 철학, 심리학, 언어학, 사회학 등 여러 분야를 섭렵하여 과학철학에 큰 업적을 남겼다. 1962년에 나온 그의 저서 《과학혁명의 구조》는 지금도 대학생들이 필수적으로 읽어야 할 교양도서 중 하나이다.

그 책에서 토마스 쿤은 이런 말로 자신이 편협했음을 반성하고 있다.

"과학자는 보통 하나의 패러다임을 통해서 오래도록 교육을 받고 훈련된다. 따라서 과학은 어느 정도의 '틀frame' 속에서 발전한다고 생각했던 나의 편협함이 부끄러웠다."

여기서 중세와 근대를 이어주는 교량 역할을 했던 윌리엄 오컴의 이야기를 들어보자.

영국 프란체스코회 수도사였던 윌리엄 오컴은 진리는 단순하다며 하나의 현상을 설명하기 위해 둘 이상의 이론이 충돌할 경우에는 보다 간략한 설명이 진리라고 주장했다. 예를 들어 천동설을 설명하기 위해서는 많은 군더더기가 필요하지만 지구가 돈다고 하면 그것으로 충분하다. 신학과 철학의 분리를 주장했던 그는 신의 존재는 종교적 영역으로 인간의 이성으로는 증명할 수 없다며 이성의 영역인 철학을 신학의 시녀로부터 해방시켰다.

오컴은 또 유명론을 들고 나왔다. 신학자들이 주장하는 보편적 존재는 실제로 존재하는 것이 아니라 사람들이 붙인 이름에 불과하다는 주장이었다. 오컴의 논리를 이어가다가는 자칫 하나님도 사람들이 부르는 이름일 뿐 별개로 존재하는 것이 아닐 수 있게 된다. 이것이 중세를 뜨겁게 달구었던 '유명론 논쟁'이었다.

이렇게 하여 오컴은 중세 신학의 무수한 가설들을 잘라 버렸다. 그의 이러한 태도는 루터의 종교개혁과 경험주의 사상의 탄생에 밑거름이 되었다.

• 세상 읽기 시크릿 03 •
사고적 패턴

사고적 패턴은 어떤 틀에 박힌 사고방식을 말하는 게 아니라, 문제에서 해결의 실마리가 될 어떤 패턴을 찾는 것이다. 엄마들은 아이의 울음소리만 들어도, 아이의 우는 모습만 보고도 배가 고픈지 기저귀를 갈아달라는 것인지 분간할 수 있다. 아기 울음에 숨은 패턴을 파악했기 때문이다.

세상이 아무리 복잡해도 결국은 유사한 몇 가지 패턴을 반복하는 것에 지나지 않는다.

사계절, 꽃이 피는 순서도 늘 같은 패턴으로 반복된다. 동백

꽃-개나리-진달래-벚꽃-철쭉순이다. 꽃들이 피어나는 과정을 보면 봄이 얼마나 깊어 가는가를 알 수 있다. 지진, 화산, 쓰나미가 몰려올 때는 어떤 징후를 앞세운다. 그 징후들의 패턴에서 사고를 예견한다.

자연이든, 사회든 복잡한 현상 속에서 어떤 '의미를 가진 구조'를 찾자는 것이 패턴적 사고이다. 아무리 복잡한 문제라도 어떤 패턴을 찾을 수 있다면 예측이 가능하고 쉽게 문제를 해결할 수 있다.

수학에서 가장 간단한 패턴은 초등학교 시절에 암기하던 구구단이다. 9가 다섯 개면 얼마일까? 다섯 번 덧셈을 하는 대신에 $9 \times 5 = 45$ 하는 식으로 암기하고 있으면 편리하기 때문이다. 수학 문제를 풀 때 사용하는 공식도 문제풀이 과정에서 나타나는 패턴을 수식으로 정리한 것이다. 공식이 없어도 문제가 풀리지 않는 것은 아니지만 문제의 패턴을 익힘으로써 훨씬 더 쉽게 풀 수 있다.

복잡해 보이는 세상의 문제도 패턴을 알면 접근이 훨씬 쉬울 것이다. 로또를 연구하는 사람들에 의하면 당첨번호는 번호 6개 숫자의 합이 100~200 사이가 80%이며, 이를 좀 더 줄여서 121~140 사이로 보면 25.2%라고 한다. 6개 숫자의 합이 48보다 작거나 238보다 큰 경우는 한 번도 없었다고 한다. 좀 더 깊이 연구한다면 이보다 훨씬 더 유용한 패턴을 발견할 수 있을지도 모른다.

: 순환소수의 마술

그리스 수학자 피타고라스는 세상은 숫자로 이루어져 있다고 생각하여 만물에서 수의 패턴을 찾으려고 노력했던 사람이다. 바빌론의 수학을 공부했던 그는 이를 더욱 체계적으로 다듬었다. 피타고라스의 정리를 증명하고 인간이 가장 아름답다고 느끼는 황금비율을 발견한 사람도 그였다. 황금비율은 정오각형의 대각선들이 서로가 서로를 나누는 선분의 비율로 1:1.618이다. 15세기 말 이탈리아 수학자 파치올리가 '황금분할'이라는 용어를 쓰면서 황금비율이라고 불리게 되었다. 고대 이후 황금비율은 건축물과 예술 작품에도 적용돼 왔다. 피라미드, 파르테논 신전, 레오나르도 다빈치의 모나리자, 밀로의 비너스상 등이 모두 황금비율을 갖추고 있다.

수를 신성시했던 피타고라스는 '피타고라스학파'를 만들어 제자들과 함께 종교집단 같은 엄격한 금욕생활을 했다. 그리고 15

가지 엄격한 규율을 만들어 실천했다. 그중에서 '콩'을 먹지 말라는 것도 콩은 숫자를 셀 때 사용하는 신성한 도구였기에 이를 먹지 말도록 금지한 것이었다. 직각삼각형에서 '빗변의 제곱은 나머지 두 변의 제곱의 합과 같다'는 피타고라스의 정리도 이때 나온 것이었다. 이 원리 자체는 그보다 훨씬 더 이전인 바빌로니아 사람들도 이집트 사람들도 알고 있었고, 나일 강 범람 이후 토지 측량에서도 사용되었지만 증명이 되지 않고 있었다. 이것을 증명한 사람이 피타고라스였다.

그는 세상 모든 것은 정수 혹은 정수의 비율로 이루어졌다고 믿었다. 피타고라스는 대장간에서 들려오는 망치소리를 듣고 소리와 진동수 사이에 '어떤 연관성이 있지 않을까' 하여 찾아낸 것이 현의 길이와 음의 높낮이는 반비례한다는 사실을 찾아냈다. 하프 현의 길이를 1/2로 줄이면 진동수는 2배가 되어 한 옥타브 높은 음이 된다. 그리고 원래의 음과 현의 길이를 2/3로 줄였을 때의 음이 가장 아름다운 조화를 이룬다. 그 음이 도와 솔이었다. 이것으로 피타고라스는 8음계를 완성했다.

끝없이 이어지는 소수도 정수의 비율인 분수로 표기할 수 있다. 예를 들어 순순환소수인 0.3535……는 35/99로 바꾸어 쓸 수 있고 혼순환소수인 0.03535……는 35/990으로 바꾸어 쓸 수 있다. 일정한 숫자가 무한으로 반복되는 것이 순환소수이다.

여기서 순환소수의 비밀을 하나 더 풀어보고 피타고라스 이야기로 넘어가기로 하자. 프랑스 소설가 베르나르 베르베르의 소설《신》에 나오는 숫자 '142857'이 주인공이다. 수학자들 사이에서는 오래전부터 알려진 신비의 수였다. '142857'에 1, 2, 3, 4, 5, 6 등의 수를 곱하면 자리의 위치만 바뀔 뿐 숫자의 배열은 그대로 유지된다. 또 그 숫자를 세 자리로 끊어 더하면 모두 999가 된다.

$142857 \times 1 = 142857 \rightarrow 142 + 857 = 999$

$142857 \times 2 = 285714 \rightarrow 285 + 714 = 999$

$142857 \times 3 = 428571 \rightarrow 428 + 571 = 999$

이의 비밀은 바로 순환주기에 있다. 1/7=0.142857142857……로 142857이 끊임없이 반복되는 패턴이다. 앞에서 공부한대로 이를 분수로 표기하면 142857/999999가 된다. 이것을 약분하면 다시 1/7이 된다. 이번에는 2, 3, 4, 5, 6을 7로 나누어 보면 다음과 같은 행렬이 나온다. 순환주기가 있는 모든 소수는 이처럼 분수로 표기할 수가 있다.

2/7=0.285714……

3/7=0.428571……

4/7=0.571428……

5/7=0.714285……

6/7=0.857142……

피타고라스는 세상의 모든 것을 정수나 정수의 비율인 분수로 나타낼 수 있다고 믿고 있었다. 그러나 자신이 발견한 피타고라스의 정리에 의해 발목이 잡히고 말았다. 피타고라스의 정리는 고대 이집트나 바빌로니아 사람들도 알고 있었다. 다만 증명을 하지 못하고 있었을 뿐이다. 피타고라스는 이것을 증명하고 나서 신전에 황소 10마리를 바쳤다.

예일 대학교 도서관은 1,200만 권의 장서를 자랑하는 세계적인 도서관이다. 여기에는 수학의 역사를 알려주는 바빌로니아 시대의 점토판 한 장이 보관되어 있다. 그 점토판에는 BYC7289라는 숫자가 쓰여 있다. 쐐기 모양의 이 점토판은 놀랍게도 직각삼각형에 관한 기록으로 알려지고 있다.

당시 바빌로니아인들은 60진법을 사용하고 있었기 때문에 이를 요즘의 십진법으로 바꾸면 1.4142……가 된다. 바로 두 변의 길이가 1인 직각 삼각형의 빗변의 길이를 나타내는 것이다. 피타고라스 정리에 의하면 빗변의 길이를 X라고 할 때 $1^2+1^2=X^2$, 이것을 풀면 $x=\sqrt{2}$가 된다. 그러나 $\sqrt{2}$는 1.4142……로 끝없이 전개되면서 순환주기가 없는, 분수로 표기될 수 없는 무리수라는 것이 발견되었다.

그것을 발견한 사람은 피타고라스의 제자 히파소스였다. 그러자 피타고라스학파는 충격에 빠졌다. 바로 자신들의 신앙체계가 무너지기 때문이었다. 그러자 피타고라스학파에서는 이를 극비에 부치기로 했다. 그러나 히파소스는 이를 외부에 누설하고 말았다.

그후 히파소스는 다른 제자들에 의해 지중해 바다에 수장되었다고 한다. 그러나 다른 학설에서는 죽이지는 않고 그냥 학파에서 추방되기만 했다는 이야기도 있다. 아마도 추방했다는 이야기가 맞는 듯하다. 이 이야기는 많은 추리소설의 소재가 되었고 거기에서는 히파소스가 다른 제자들에 의해 죽임을 당하는 것으로 나오기 때문이다. 국내 작가의 작품도 나와 있다. 어느 경우든 이 사건을 계기로 피타고라스학파는 서서히 그 신비의 막을 내리고 말았다.

우리가 알고 있는 원주율 π도 3.14159……로 끝임없이 이어지는 무리수이다. 알다시피 원주율은 원의 둘레와 지름과의 비율이다. 이것이 끊임없이 이어진다는 것을 알면서도 여기에 매달린 이유는 어떤 순환주기라도 발견되지 않을까 해서였다. 순순환이든 혼순환이든 말이다.

원주율에 신비로움을 더하려는 사람들은 만약 원주율에서 순환주기만 발견된다면 그것을 신의 암호라고 믿으려는 분위기였다. 신이 창조한 모든 천체는 온전한 원, 직선은 자연상태에서는 발견되지 않으며 인간의 이성이 생각해낸 개념일 뿐이다. 이 둘 사이에 어떤 연결고리라도 발견된다면 그것이 신이 숨겨둔 암호일 것이다.

그러나 신은 인간에게 끝내 암호를 알려주지 않았다. π 역시 무리수인 것이다. 우리나라나 동양 몇몇 나라에서는 3월 14일을 화이트데이라 하여 좋아하는 여자 친구에게 사탕을 주는 날이지만 서양에서는 3월 14일을 πday로 기념하여 파이를 먹는다고 한다. 'π=3.14……'이기 때문이다.

가우스의 덧셈

수학에서 자주 인용되는 패턴적 사고의 사례는 가우스의 덧셈 이야기이다. 가우스는 아르키메데스, 뉴턴과 함께 세계 3대 천재로 꼽히는 사람이다. 그 이야기를 다시보자. 그가 초등학교 2학년이었을 때의 이야기이다. 교사가 칠판에 수학 문제 하나를 적었다. 아이들이 장난을 치자 교사가 아이들을 골탕 먹일 작정으로 어려운 문제를 냈다.

〈문제〉 1에서 100까지 더하면 합은 얼마인가?

교사가 칠판에 문제를 적고 돌아서자 학생 하나가 손을 번쩍 들었다. 가우스였다. 교사가 풀이를 보자고 하자 가우스는 그냥 암산으로 풀었다고 대답했다. 가우스의 설명은 다음과 같았다.

$1+2+3+ \cdots +99+100$

$+100+99+98+ \cdots 2+1$

$101+101+101+ \cdots 101+101 = 101 \times 100 = 10100$.

이것을 2로 나누면 5,050이 된다.

문제에서 대칭구조를 찾은 사례이다. 모든 수학 문제는 규칙성이 있다. 이런 식으로 복잡하게 보이는 현상에서 어떤 패턴을 발견하려는 것이 패턴적인 사고방식이다. 패턴은 곧 문제의 본질과도 연결된다. 천재들은 부분에 집착하지 않고 전체적인 흐름, 패턴을 본다는 것이다. 나무에 집착하다 보면 숲을 보지 못하고 헤매는 경우가 많다. 세상의 패턴은 멀리서, 장기적으로, 다양한 조합을 통해 관찰해야만 보인다. 패턴을 읽기 위해서는 연습이 필요하다는 의미이다.

1970년대에는 전국체전이 가장 중요한 스포츠 행사였다. 당시에는 체력은 국력이라 하여 입장식부터 폐막식까지 올림픽 흉내를 내면서 성대하게 치렀다. 당시에는 컴퓨터가 없었던 시절이라 시도별, 종목별 성적을 수작업으로 집계해야 했다. 어느 해에는 상고 졸업반 여학생 3명이 집계요원으로 선발되었다. 개막식 날 이들은 교복 차림에 빈손으로 경기장에 나왔다가 감독관으로부터 주판도 없이 왔다며 매섭게 야단을 맞았다. 그러나 이들은 백만 자리 정도의 덧셈은 주판 없이 암산으로 할 수 있는 주산 9단들이었다. 이들의 머릿속에 주판이 하나씩 들어있다는 이야기이다. 주판도 일종의 패턴식 셈법이다.

수학 강국인 인도 사람들은 구구단도 19단까지 암기하고 있으며 우리와는 또 다른 형태의 셈법과 정교한 주판을 사용하고 있다. 인도인들은 곱셈, 나눗셈도 그들 고유의 베다수학을 사용하여 아주 쉽게 풀고 있다. 예를보자.

〈문제〉 97×96 = ?

먼저 100에서 97을 빼서 '3'을 얻고 100에서 96을 빼서 '4'를 얻는다.
3과 4를 더해서 '7'를 얻고, 100에서 7을 빼서 '93'을 얻는다(앞의 두 자리).
다음 3과 4를 곱해서 '12'를 얻는다(뒤의 두 자리). 답은 9,312가 된다. 이의 원리는 다음과 같다.

$$97 \times 96 = (100-3) \times (100-4)$$
$$= (100 \times 100) - (100 \times 3 + 100 \times 4) + 12$$
$$= 100(100 - (3+4)) + 12$$
$$= 100 \times 93 + 12 = 9,312$$

인도인들이 수학에 능한 것은 바로 이러한 수학의 패턴을 무수히 많이 알고 있기 때문이다. 수학에서 가장 중요한 '0'을 발견한 것도 인도인들이었다. 인도의 공(空)사상에서 나온 것이다. 만약 '0'이 없었다면 I, II, III, IV, V…… 하는 식으로 숫자를 사용하는 로마인들은 어떻게 셈을 했을까?

한문도 마찬가지다. 아마도 계산이 거의 불가능했을 것이다. '0'이 생겨나고, 자릿수 개념이 생겨나고, 음수가 생겨났고, 유리수, 무리수, 실수, 복소수를 알게 되었다. 만약 '0'이 없었더라면 현대 문명도 가능하지 않았을 것이다.

지금의 디지털 세계는 '0'과 '1'만으로 이루어진 세상이다. 우리가 아라비아 숫자라고 알고 있는 것도 사실은 인도 숫자였다. 이것이 아라비아를 거쳐서 유럽으로 전해진 것이다. 그래서 아라비아 숫자라는 이름이 붙게 된 것이다. 미국의 벤처기업들이 모여 있는 실리콘밸리는 연구원들의 30% 정도가 인도인들이라고 한다. 인도를 떠오르는 대륙으로 부르는 이유가 여기에 있다.

: 가정법

'만약 ……이라면?' 하는 가정은 문제 해결에서 유용하게 쓰이는 경우가 많다. 살인사건이 일어났다고 하자. 범죄의 현장보존도 좋고 범인의 인상착의 추적도 좋지만, 가장 먼저 고려할 사항은 '이 사건으로 이익을 보는 사람이 누군가?' 하는 문제로 바꾸어 보면 아주 쉽게 풀린다. 대개 돈이 얽힌 범죄는 그 사건으로 이익을 보게 될 사람이 범인이라는 것이다. 보험과 관련된 살인 사건은 90%가 보험 수혜자이다. 애거시 크리스티의 추리소설에 나오는 범인들이 대개 그러하다. 이번에는 중학교 수준의 책에 나오는 계산 문제 하나를 보자.

〈문제〉

어느 가게에 손님이 와서 5천 원짜리 물건을 사면서 1만 원을 주었다. 마침 거스름돈이 없었던 가게 주인은 옆 가게로 가서 그 1만 원권으로 5천 원권 두 장으로 바꾸어 손님에게 물건과 거스름돈 5천 원을 거슬러 주었다. 나중에 옆 가게의 주인이 와서 그 돈이 가짜라며 내밀었다. 자세히 보니 복사기로 만든 가짜 지폐였다. 이때 가게 주인은 얼마를 손해보는가?

〈풀이〉

이 문제를 산술적으로 접근하면 몹시 헷갈린다. 1만 원 손해 같기도 하고, 1만 5천 원, 2만 원 같기도 하다. 그러나 가정법으로 접근하면 아주 간단하다. '만약 그 돈이 가짜가 아니었다면 얼마 손해인가?' 손해가 없다. 따라서 손해는 위조지폐 1만 원에서 비롯된 것이므로 손해는 1만 원이다.

로버트 루트번스타인은 자신의 저서 《생각의 탄생》에서 재미있는 패턴적 사고방식의 사례를 소개하고 있다.

〈문제〉

어떤 사람이 보트를 타고 강물을 거슬러 오르고 있었다. 강물의 속도는 3km/h, 강물을 거슬러 오르는 보트의 속도는 2km/h였다. 이 사람이 강을 거슬러 오르기 시작하여 30분이 지났을 때, 강물에 모자를 빠뜨렸다는 것을 깨달았다. 이 사람이 배를 돌려 모자를 찾기까지는 얼마의 시간이 걸리겠는가?

〈풀이〉

- 수학적 풀이 : 강물의 속도는 3km/h, 보트의 속도는 강물의 속도에다 강물을 거슬러 오르는 속도 2km/h를 더한 값으로 5km/h가 된다. 모자를 잃어버리고 30분 후에 그 사실을 알았으므로 보트와 모자와의 거리는 보트가 30분 동안 강물을 거슬러 올라간 거리(1km)에다 모자가 강물에 떠내려간 거리(1.5km)를 더한 값으로 2.5km가 된다.

보트를 돌려 강물을 따라 내려갈 경우 보트의 속도는 보트의 속도+강물의 속도이므로 8km/h가 된다. 반면 모자가 떠내려가는 속도는 여전히 3km/h일 것이다. 여기서 다음과 같은 방정식이 성립된다.

8km×t=2.5km+3km×t

5t=2.5

t=1/2(30분)이다.

- 패턴적 풀이(기하학적 풀이) : 여기서 강물의 흐름을 무시해보자. 강물이 아니라 시속 100km로 달리는 기차에서 같은 일이 벌어졌다고 가정해 보는 것이다. 아니, 달리는 기차가 아니라 시속 1,600km로 빠르게 자전하는 지구 위에서 같은 일이 벌어졌다고 가정해보자. 답은 30분이다. 이것이 패턴적 사고방식이다.

: 논증

논증의 방법에는 연역법, 귀납법, 귀류법 등이 있다. 연역법은 데카르트가 창시한 논증 방법으로 우리가 확실하게 알고 있는 지식을 다른 현상에 적용하여 그것이 참임을 밝혀내는 방법이다. 우리가 이미 알고 있는 지식을 대전제로 하고서, 가설인 소전제를 제시하여, 소전제가 참임을 밝히는 방법이다.

연역법

모든 사람은 죽는다. −대전제
A는 사람이다. −소전제

그러므로 A는 죽는다. -결론

연역법에서는 대전제가 참인 경우에만 결론이 참일 수 있다. 대전제에 예외가 있으면 결론도 참이 아니게 된다.

모든 포유류는 다리가 4개다. -대전제
고래는 포유류이다. -소전제
그러므로 고래도 다리가 4개다. -결론

포유류는 대부분 4개의 다리로 육상생활을 한다. 그러나 포유류인 사람은 육상생활을 하지만 다리가 2개뿐이며, 역시 포유류에 속하는 고래는 다리가 없이 지느러미로 물에서 생활한다. 앞의 대전제가 잘못된 경우이다.

귀납법

반대로 귀납법은 일반적인 사례를 가지고 어떤 진리를 이끌어내는 방법으로 프랜시스 베이컨이 창시한 논증 방법이다.

소크라테스는 죽었다. 공자도 죽었다. 석가도 죽었다.

소크라테스, 공자, 석가는 사람이다.
그러므로 모든 사람은 죽는다.

위의 사례는 참인 경우지만 관찰 사례가 적으면 오류를 범할 수도 있다. 백조 몇 마리를 보고 '백조는 모두 희다'라는 결론을 낸다면 오류일 가능성이 있다는 이야기이다. 세상의 모든 백조를 관찰한 것이 아니기 때문이다. 실제로 네덜란드의 한 여행가가 오스트레일리아에서 검은 백조를 발견했다.

귀납적인 방법은 경험적이기 때문에 참일 가능성이 높기는 하지만 진리라고 확신할 수는 없다는 것이다. 이처럼 '검은 백조'는 거의 예외적인 경우이기 때문에, 거의 일어날 수 없는 기댓값의 극단적인 경우를 가리킨다.

2001년에 있었던 9.11사건이나 2008년의 월가 금융위기 등과 같이 0.1% 이내의 확률을 가지는 경우를 가리킨다. 2007년 뉴욕대학의 나심 니콜라스 탈레브는 《블랙 스완》이라는 저서를 내면서 미국 금융의 중심지인 월스트리트의 위기를 경고하면서 세상을 놀라게 했다. 그리고 곧이어 월가의 금융위기가 터졌다.

귀류법

귀류법은 일단 상대방의 주장을 인정해주면서, 그 주장으로부터 모순된 결론을 이끌어내어 상대방의 주장이 틀렸음을 증명하는 방법이다. 귀류법은 상대방의 주장을 일거에 무너뜨리는 위력을 가지고 있다.

이의 창시자는 파르메니테스의 제자였던 제논이었다. 제논은 귀류법을 사용하여 그리스의 전설적인 마라톤 선수 아킬레스가 100m 앞서 기어가는 거북이를 결코 따라잡을 수 없다는 역설을 내놓은 사람이다. 아킬레스는 거북이보다 10배 빨리 달릴 수 있다. 아킬레스가 거북이 있던 자리에 이르면 거북이는 10m 앞에 있다. 아킬레스가 그 자리에 이르면 거북이는 다시 1m 앞에 있다. 그리하여 아킬레스는 영원히 거북이를 따라잡지 못한다는 역설이다.

귀류법을 가지고 아리스토텔레스의 중력 이론을 깨뜨려보자. 아리스토텔레스의 중력 이론에 의하면 '물체의 낙하속도는 질량에 비례한다'는 것이다. 곧 무거운 물체와 가벼운 물체를 공중에서 동시에 떨어뜨리면 무거운 물체가 먼저 떨어진다. 지금도 그렇게 믿고 있는 사람들이 많다. 쇠구슬과 풍선을 동시에 떨어뜨리면 당연히 쇠구슬이 먼저 떨어질 것이기 때문이다. 이 이론이 갈릴레이에 의해 뒤집어지기까지 1200년 정도의 세월이 필요했다. 우리는 알게 모르게 늘 선입견에 젖어 있다.

갈릴레이의 반증을 요즘의 상황으로 재현해보자.

교사 : 체중 50kg인 사람과 체중 60kg인 사람이 높은 곳에서 동시에 뛰어내리면 누가 먼저 떨어질까?

학생 : 60kg의 체중을 가진 사람이 먼저 떨어집니다.

교사 : 그 이유는 무엇일까?

학생 : 낙하속도는 체중에 비례하기 때문입니다.

교사 : 여기 체중이 같은 두 사람이 있다고 하자. 한 사람은 그냥, 한 사람은 5kg의 짐을 메고 뛰어내린다면 누가 먼저 떨어질까?

학생 : 짐을 진 사람이 먼저 떨어집니다.

교사 : 만약 그 사람이 짊어진 짐이 5kg짜리 낙하산이었다고 해도 결과는 동일할까?

학생 : ……

낙하산을 맨 사람은 더 무겁지만 훨씬 더 천천히 떨어질 것이다. 이것으로 무거운 물체가 먼저 떨어진다는 아리스토텔레스의 주장은 휴지통에 들어가 버렸다. 이것이 귀류법의 위력이다.

같은 방법으로 쇠구슬 이야기를 검증해보자. 쇠구슬과 풍선을 동시에 떨어뜨리면 당연히 쇠구슬이 먼저 떨어진다. 이번에는 쇠구슬 두 개를 준비하여 하나는 그대로, 다른 하나의 쇠구슬에는 풍선을 매달아서 동시에 떨어뜨린다. 이 경우 풍선을 매단 쇠구슬은 더 무겁지만 한참 동안 공중에 머물게 된다.

그리스 철학자 소크라테스는 대화법을 통해 상대방의 무지를 깨뜨리기로 유명한 사람이었다. 그의 대화법은 큰 범주에서는 변증법이지만, 방법론에서는 귀류법에 속한다. 소크라테스는 상대방의 주장을 일단 인정하고 나서, 그랬을 때에 잘못된 결론으로 유도하여 상대방의 주장을 뒤엎는 방식이었다.

가상적인 사례를 보자.

어떤 사람 'A'가 술자리에서 현 정부를 독재정권이라며 강하게 비판한다고 하자. 이에 소크라테스가 나섰다. 소크라테스를 'S'로 부르기로 하자.

S : 독재라면 언론과 집회와 결사의 자유를 억압하는 그런 것을 의미하는가?

A : 그렇습니다. 바로 현 정권이 그러하지요.

S : 그렇다면 지금 당신이 현 정부를 '독재정권'이라고 말하는 것은

언론의 자유가 아닌가?
A : 그, 그것은 술자리에서 하는 이야기라서…….
S : 그럼 독재정권도 술자리에서 하는 말은 얼마든지 자유가 보장
된다는 것인가?
A : ……

변호사 시절의 링컨도 귀류법의 귀재였다. 상대방의 주장을 일단 인정하고 나서, 그로부터 모순된 결론을 이끌어냈다. 한번은 살인사건으로 기소된 범인의 변호를 맡게 되었다. 증인은 달밤에 야산에서 피고가 권총으로 피해자를 쏘는 것을 똑똑히 목격했다고 증언했다.

링컨 : 당시 범인과 당신의 거리는 30m나 되는데도 범인의 얼굴을 확실히 기억한다는 말씀이지요?
증인 : 물론입니다.
링컨 : 옷차림새만 본 게 아닐까요?
증인 : 천만에요. 달빛이 있어 범인의 얼굴을 똑똑히 볼 수가 있었지요. 틀림없이 이 피고입니다.
링컨 : 밤 11시 경이라고 했나요?

> 증인 : 그렇습니다. 집에 돌아오니 11시 10분이었거든요.

그러자 링컨은 재판석을 향해 자료 하나를 제출했다. 그날은 새벽 3시에 달이 뜬다는 기상대의 증거자료였다.

귀류법은 상대방의 주장을 뒤엎는 방법으로도 유용하지만 가설검증에도 유용한 방법일 수 있다. 귀류법을 가지고 화성에 생명체가 없다는 것을 증명한 사례를 보자.

제임스 러브록이라는 영국의 과학자로 지구가 살아있다는 '가이아 이론'을 제창한 사람이다. 가이아는 그리스 신화에 나오는 대지의 여신이다. 1960년대에 미국과 소련은 경쟁적으로 우주선을 쏘아 올렸다. 그 결과가 1969년에 있었던 아폴로 11호의 달 착륙이었다. 우주 비행사들이 전해주는 혹은 우주선이 사진으로 찍어서 보내주는 지구의 모습은 아름답기 그지없었다. 칠흑같이 어두운 우주 공간에 푸르게 빛나는 지구! 그 사진은 우주인들은 물론 많은 지구인들에게도 큰 감동을 주었다. 어떤 우주 비행사들은 영적 체험을 했다고도 한다.

당시에 발사된 우주선들은 대부분 달을 향했지만 몇몇 우주선은 금성이나 화성 혹은 그 너머로까지 날아갔다. 그중 미국에서 발사한 바이킹 호의 목적은 화성에 생명체 존재여부를 확인하기 위한 것이었다. 이를 위해 미 항공우주국은 영국의 과학자 제임스 러브록에게 자문을 구했다. 바이킹 호가 화성에 착륙했을 때, 생명체들의 존재여부를 검증할 장치를 설계해달라는 부탁이었다. 러브록은 흙을 채취하고 분석하여 생명의 흔적을 찾아내는 기구를 설계하는 대신 깊은 상념에 잠기면서 다음과 같이 스스로에게 자문해보았다.

"만약 화성에 생명체가 존재한다면?"

일단 화성에 생명체가 있다고 가정해보는 것이다. 그랬을 때 추론이 가능한 모순되는 사실이 있는가를 보는 방식이다. 그 의문은 몇 개월 동안 이어졌다.

"만약 화성에 생명체가 살고 있다면 물질과 에너지를 섭취하고 노폐물을 배출하게 될 것이다. 그것이 생명체의 가장 보편적인 특성이기 때문이다. 만약 화성에 생명체가 존재한다면 화성의 대기는 지구의 대기와 흡사한 구성이어야 할 것이다."

러브록은 동료 히치콕의 도움을 받아 지구에서 관측한 화성의 대기와 지구의 대기를 비교하는 실험에 착수했다. 그 결과 두 행성의 대기구성은 현저하게 차이가 났다. 화성에는 산소가 거의 없고 이산화탄소가 많으며 메탄도 거의 없는 반면, 지구의 대기에는 대량의 산소와 메탄이 있는 반면 이산화탄소는 많지 않은 구성이었다. 또 화성의 대기에 있는 기체들은 일어날 수 있는 모든 화학적 반응을 이미 오래전에 끝냈다는 사실을 확인했다. 화학적인 평행상태, 곧 죽은 상태였다.

　반면 지구의 대기는 화학적 평형과는 거리가 먼 다양한 기체의 혼합상태인 것이다. 이를 근거로 러브록은 화성에는 생명체가 없다는 것을 확인할 수 있었다. 러브록은 화성에 생명체 존재여부를 확인하기 위해서 멀리 화성까지 갈 것도 없이 화성 대기의 스펙트럼만 분석해도 알 수 있다는 자신의 견해를 전달하자, 미 항공우주국은 러브록을 프로젝트에서 제외시키고서 기어이 바이킹 호를 발사했다. 그로부터 몇 년 후에 화성에 도착한 바이킹 호는 생명의 흔적을 찾아내지 못하고 임무가 종료되고 말았다.

　지구의 대기 구성이 특이한 것은 식물이 끊임없이 산소를 배출하고 동물은 이산화탄소나 다른 기체를 배출한다. 지구의 생물들의 생명 유지에 필요한 산소와 이산화탄소가 끊임없이 보충되고 있는 셈이다. 지구상의 생물들은 대기를 만들 뿐만 아니라 대기의 조성을 생명체가 살아가기에 적합한 수준으로 유지하는 기능도 가지고 있는 게 아닐까?

　그는 외쳤다.

　"지구는 살아있다!"

이것이 '가이아 이론'이었다. 가이아 이론의 핵심은 자기조절능력이다. 지구 생명체들은 외부 환경으로부터 에너지를 섭취하고 노폐물을 내뿜어 생존에 필요한 항상성을 유지한다. 그러기 위해서는 조절능력이 있어야 한다. 인체의 체온 조절이나 대기의 산소량 등이 자기조절의 사례이다. 대기 중 산소의 구성 비율은 약 6억 년 전부터 지금까지 21% 수준을 유지해왔다. 따라서 지구는 생물권은 물론이고 대기, 토양, 해양까지 모두가 하나로 연결되어 있는 복합체로 봐야 한다는 이론이다.

그럼 최초의 지구는 어떤 상태였을까?

46억 년 전에 탄생한 지구는 수증기와 이산화탄소가 주성분인 대기로 둘러싸여 있었다. 지구가 식기 시작하면서 수증기는 물이 되었고 이산화탄소가 대기의 주성분으로 남아 있었다. 그러다가 식물이나 바다의 조류들이 광합성을 통해 이산화탄소를 흡수했고 바다 조개류들이 석회석 껍질을 형성하는 과정에서 다시 이산화탄소를 흡수했다. 이런 과정을 통해 탄산가스가 줄어들고 산소는 현재의 21% 수준을 유지하게 되었다.

가이아 이론은 결국 생명체의 자기조절능력을 강조한 이론으로 인간을 포함하여 지구 생물권 전체가 지구 환경을 조절하는 통제자라는 것이다. 따라서 자연을 단순히 정복하고 지배할 수 있는 대상으로 인식할 경우, 인류의 장래는 불투명해진다는 것이 러브록의 주장이다.

: 귀류법을 응용한 사유 연습

역지사지 易地思之 는 맹자에 나오는 이야기로 상대방의 생각을 읽기에 유용한 방법이다. 상대방의 입장이 되어 보면 객관적 상황이 보인다.

지금 북한의 핵을 놓고 여러 논의가 진행되고 있으나 상대방의 입장이 되어 보면 간단하다. 북한은 절대로 스스로 핵을 포기하지 않는다. 아니, 포기할 수가 없다. 유일한 생명줄이기 때문이다. 만약 북한의 장거리 핵미사일이 미 본토에 닿을 정도가 되면 미국도 한반도의 분쟁에 개입이 어려워진다. 북한이 노리는 것이 바로 그것이다. 미국의 개입이 어려워지면 북한은 노골적으로 한국 사회를 위협하게 될 것이다. 쉽게 방법이 나오지는 않겠지만 그것을 대전제로 하고서 해결책을 찾아야 한다는 것이다.

상대방의 입장이 되어 문제를 풀어가는 고난도 문제 하나를 보자.

〈문제〉

두뇌가 비상한 정치범 A, B, C 세 사람이 있다. 두뇌가 비상하다는 점에 유의하자. 서로가 서로의 생각을 능히 읽어 낸다는 의미이다. 검사가 이들의 눈을 가리고 흰 모자 하나씩을 머리에 씌웠다. 그리고는 눈을 풀어주면서 이렇게 말한다.

"너희들은 지금 검은 모자나 흰 모자 하나씩을 쓰고 있다. 자신의 눈에 상대방 두 사람의 모자가 모두 검은색인 사람은 걸어 나가도 좋다. 또 자신의 모자가 무슨 색깔인지 논리적으로 추론할 수 있는 사람도 걸어 나가도 좋다."

〈풀이〉

한동안 앉아 있던 A가 일어섰다. A는 이렇게 추론했다. 내가 만약 검은색 모자를 쓰고 있다고 가정해보자. 그리고 B의 입장이 되어보자. B는 나(A)의 검은 모자와 C의 흰 모자를 볼 수 있을 것이다. 만약 B 자신도 검은 모자를 쓰고 있다면 A, B 두 사람의 검은 모자를 본 C는 걸어 나갈 수 있을 것이다. 그러나 C는 그대로 앉아 있다. 그렇다면 B 자신은 자신이 흰 모자를 쓰고 있다는 사실을 추론할 수 있을 것이고 일어서 나가야 할 것이다. 그러나 B는 여전히 자리에 앉아 있다. 그렇다면 나(A)의 모자가 검은색일 거라는 가정은 틀린 것이다. 따라서 나는 흰 모자를 쓰고 있다.

이번에는 비밀의 섬 탈출 이야기를 보자.

〈문제〉

한 남자가 배를 타고 가다가 엔진이 고장 나는 바람에 낯선 섬에 도착했다. 그런데 이 섬은 외부인에게 아주 배타적인 종교집단 비슷한 곳이었다. 그래서 외부인이 이곳에 도착하면 재판이라는, 자신들 나름대로는 합리적인 과정을 거쳐 신전의 제물로 바쳤다.

신전은 두 곳으로 하나는 참의 신전, 다른 하나는 거짓의 신전이었다. 외부인이 재판과정에서 참말을 하면 참의 신전에, 거짓말을 하면 거짓의 신전에 제물로 바쳤다. 이 남자는 무슨 말을 해야 살아남을까? 단 묵비권은 인정되지 않는다.

남자가 살아남기 위해서는 진실도 아니고 거짓도 아닌 말을 해야 한다. 따라서 이 남자가 할 수 있는 말은 과거가 아닌 미래에 관한 말이어야 한다. 또 진실과 거짓이 서로 모순되는 말이어야 한다.

〈풀이〉

이렇게 말하는 것이다.

"너희들은 나를 거짓의 신전에 제물로 바칠 것이다!"

그의 소원대로 거짓의 신전으로 끌고 가서 죽이려는 순간에 생각해보니 거기서 죽인다면 이 남자의 말은 참이 된다. 다시 참의 신전에서 죽이려고 하니 그의 말은 다시 거짓이 되어 결국 죽이지 못하게 된다.

: 수평적 사고

 수평적 사고는 에드워드 드 노보가 창안한 것으로 문제 해결에 있어 기존의 논리나 방법 이외에 새로운 방식으로 접근하는 사고방식이다.
 강을 건너는 방법을 보자. 원시인들은 수영을 해서 건넜을 것이다. 그러다가 누군가 통나무를 타고 강을 건너는 방법을 찾아냈을 것이다. 다시 나무를 엮어서 뗏목을 만들었고, 배를 만들었으며, 다리를 놓았다. 이 모든 새로운 방식들이 수평적 사고의 산물이다.
 수직적 사고가 논리 체계라면 수평적 사고는 논리에서 한발 물러나서 문제를 보는 방법이다. 콜럼버스의 달걀 이야기나 알렉산더 대왕의 매듭 이야기가 여기에 해당된다. 알렉산더 대왕이 소아시아에서 페르시아 군을 물리치고 고르디온이라는 마을에 들어갔을 때, 그곳 신전에는 단단한 매듭이 묶여 있었다. 그리고 그 매듭을 푸는 사람이 세상을 지배하게 될 것이라는 전설이 내려오고 있었다. 그 이야기를 들은 대왕은 칼을 뽑아 단번에 매듭을 잘라 버렸다.

우리는 정주영 회장의 일화에서도 수평적 사고를 엿볼 수 있다. 한국전쟁 종결을 공약으로 내걸어 대통령에 당선된 아이젠하워가 그해 겨울에 당선자 자격으로 극비리에 한국을 방문했다. 그의 일정 중에는 부산에 있는 유엔군 묘역 참배도 들어 있었다. 유엔군 사령부는 몹시 당황했다. 황량한 벌판에 자리한 유엔군 묘역을 대통령 당선자에게 그대로 보여줄 수 없었기 때문이다.

이에 유엔사는 정주영 회장을 불렀다. 묘역에 푸른 잔디를 입혀 달라는 제안이었다. 한 겨울에 푸른 잔디를 어디서 구한단 말인가. 순간 정주영 회장은 낙동 강변에 널려 있던 보리밭을 떠올리며 무릎을 쳤다. 문제의 본질은 '푸르게'였지 '잔디'가 아니라는 것이다. 트럭으로 보리밭을 떠서 옮기니 묘역은 금세 푸르게 변했다. 이것이 수평적 사고방식이다.

우표의 탄생도 수평적 사고의 발상이었다. 알다시피 우표는 거리에 관계없이 동일한 가격이 적용된다. 서울에서 서울로 보내든, 제주도로 보내든 우표 한 장이면 목적지까지 도착한다. 지금 우리는 이것을 당연한 것처럼 받아들이지만 이런 발상을 하기까지는 많은 시간이 걸렸다.

　서울과 제주도는 거리가 몇 배나 차이가 나는데, 어떻게 동일한 요금이 적용된단 말인가? 제주로 가는 우편물은 5배, 10배를 더 받아야 합리적일 것이다. 그것이 우리의 논리적 사고이다. 실제로 우편제도가 생겨났던 초기에는 거리에 따라 요금이 달랐다. 거리에 따라 요금이 달랐던 시절에는 우체국으로 편지를 가지고 가면 거리에 따라 요금을 계산하고 접수를 했다. 만약 지금도 우편제도를 그런 식으로 운영한다면 우편물을 다루는 직원의 숫자는 10배로 늘어나도 모자랄 것이다. 그것이 고정관념의 함정이다.

　다른 사람이 했던 것과 다르게 생각하는 것, 이것이 수평적 사고이다. 수평적 사고의 달인이었던 스티브 잡스는 사무실에 남들과 달리 생각하라는 의미로 'Think Different!'라는 글귀를 벽에 걸어두었다. 영문학자들은 이것이 문법에는 맞지 않는 말이라고 한다. 잡스 정도의 인물이 영문법 틀린 것 하나 모르겠는가, 일부러 그렇게 적었다는 것이다. 직원들에게 강력한 이미지를 심어주기 위함이었다. 스티브 잡스가 생각한 아이디어들은 모두가 다른 사람들의 생각을 뛰어넘는 것들이었다.

: 수평 네트워크

수직적 구조는 효율성을 높이고 수평적 구조는 승수효과, 곧 플러스알파가 창출되는 구조이다. 수직적 구조의 구성원들은 상하 명령체계로 구축되어 있지만 수평적 구조에서는 모두가 평등하다. 수직적 구조는 조직의 존재목적이 하나뿐이다. 대표적인 사례가 군대나 기업이다. 여기서는 '국토방위'이거나 '주주의 이익'이 존재의 목적이다.

반면 수평적 조직은 구성원 모두가 고유의 존재 목적을 가지고 있다. 수평적 네트워크의 전형적인 사례가 인터넷이다. 모든 사람이 컴퓨터를 가지고 있다는 것과 이것이 다른 사람들의 컴퓨터와 연결되어 있다는 것은 전혀 다른 이야기이다. 나만의 컴퓨터를 가지고 있을 때는 문서작업이나 할 뿐이지만 여러 사람이 연결되면 가공할 정도의 정보 전달력이 생기게 된다. 이것이 수평 네트워크가 가지는 승수효과이다.

자연계의 먹이사슬은 먹고 먹히는 수직적인 구조로 되어 있다. 여기서는 어느 하나가 이익을 보면 다른 하나는 손해를 봐야 하는 수직적인 구조이다. 사자가 배불리 식사를 했다는 것은 사슴이나 토끼가 몇 마리 죽었다는 의미가 된다. 그래서 수직적인 구조는 제로섬 게임이다. 득을 본 사람과 손해를 본 사람의 몫을 합치면 제로(0)가 된다.

그러나 꽃과 벌을 보자. 벌은 꽃으로부터 꿀을 따지만 꽃을 해치는 게 전혀 아니다. 꽃을 수정시켜주는 거룩한 임무를 수행하는 것이다. 수평적인 관계는 서로가 이익이 되는 윈-윈 게임이다.

일본인들의 사고방식이나 일본 기업들의 형태가 대부분 수직적인 모델이었다. 일본 기업들은 상품 개발에서부터 판매에 이르기까지 전 과정을 거의 내부적으로 처리하고 있다. 그래서 신규사업을 시작하려면 돈과 시간이 많이 든다. 조직의 분위기도 수직적이다. 지금은 아니지만 이전의 일본은 거의 종신고용제도였다. 그래서 조직원인 개인은 조직을 위해 충성을 다했던 것이다.

그 반대, 즉 수평적인 시스템은 애플의 사례를 보면 쉽게 알 수 있다. 스티브 잡스 생전의 애플은 상품에 대한 아이디어와 디자인만 있을 뿐 거의 모든 것을 외부에서 조달했다. 그래서 신상품 개발의 속도가 광속에 가까웠다. 이것이 일본 전자업계들이 고전하는 이유이기도 했다. 도요타, 닛산, 히타치, 파나소닉 등 일본 대기업들이 잃어버린 20년을 겪고 나서야 비로소 아웃소싱으로 눈을 돌리기 시작한 것이다.

대학로에는 연극을 공연하는 소극장들이 많다. 이전에는 공연장 각각에 매표소가 있었다. 그러기 위해서는 티켓 창구와 여직원이 한 명씩 필요했다. 그러나 요즘은 대학로 전체의 티켓을 일괄 취급하는 매표소가 마로니에 공원 초입에 생겼다. 이것으로 소극장들은 공간과 인건비를 대폭 줄일 수 있었다. 일종의 아웃소싱 개념이다. 필요로 하는 모든 것을 자체적으로 조달하는 것이 수직적이라면, 핵심적인 기능을 제외하고는 외부에서 조달하는 것이 일종의 수평 네트워크이다.

아직 우리나라 기업에도 수직적인 요소가 많이 남아 있다. 관련 부서의 동료들보다 상하관계를 훨씬 더 중요시한다. 기업의 직원들이 외국 관련 기업에 출장을 가서 이런저런 것들을 물어보면 그들이 하는 이야기가 하나 있다. "어떻게 한국 사람들은 출장을 오면 모두가 똑같은 질문만 하느냐?"는 지적이다. 한 부서의 직원이 출장을 다녀오면 자신의 상사에게만 보고서를 제출하고, 다시 다른 직원이 출장을 가면 역시 같은 질문만 하다가 돌아오기 때문이다. 만약 관련 부서의 직원들이 정보를 공유한다면 그런 일은 일어나지 않을 것이다. 수직 네트워크와 수평 네트워크의 한 단면이다.

중세 이탈리아에 르네상스를 일으킨 집안이 메디치 가문이었다. 350년 동안 유럽 최고의 가문으로 군림했던 메디치 가문이 돈을 번 비결 역시 수평 네트워크였다. 처음 메디치가 비즈니스를 시작한 것은 환전상이었다. 당시 프랑스 리옹에는 국제적인 시장이 열리고 있었다. 거래되는 상품은 양모, 올리브유, 포도주, 금은보석 등 상품도 다양했다. 이들은 자국의 특산물을 가지고 와서 팔고, 돌아갈 때는 자국에서 귀한 물건을 가지고 돌아가 이익을 남겼다.

거래는 이런 방식으로 진행되었다. 가령 이탈리아 상인이 자국의 특산물인 올리브유를 가져와 프랑스 상인에게 팔고, 영국산 양모를 구입해 가서 자국인들에게 파는 형태였다.

여기서 문제가 발생한다. 프랑스 상인에게 물건을 팔고 프랑스 화폐 프랑을 받은 다음, 그 돈으로 영국산 양모를 구입해야 하는 번거로움이 있다. 메디치 가문이 시작한 비즈니스 모델은 환전상이었다. 벤치에 앉아 있다가 거래가 이루어지면 필요한 나라의 화폐로 바꾸어주는 일이었다. 올리브유를 팔아 프랑스 화폐를 받으면 영국 화폐로 바꾸어야 양모를 구입할 수 있기 때문이다.

나중에는 로마 교황청 돈을 관리했다. 유럽 전역에서 들어오는 헌금을 로마로 운송하는 일이 보통 일이 아니었다. 로마로 모인 돈은 사업계획에 따라 유럽 전역으로 다시 분배해야 했다. 큰돈이 오가는 동안의 위험도 적지 않았다. 이 점을 간파한 메디치는 교황청 전체의 돈을 관리해주겠다고 제의했다. 유럽 전역에서 들어오는 헌금을 각 지역의 메디치가에 맡기고 영수증만 가지고 있으면 된다. 메디치는 이를 집계하여 이번 주에는 총 얼마의 헌금이 들어왔다고 교황청에 보고만 하면 된다. 그다음, 로마 교황청에서는 사업계획에 따라 각 지역으로 얼마씩을 보내라는 지시를 하면 현지에 있는 메디치가의 사람들이 필요한 돈을 전달했다.

지금으로 보면 은행이다. 서울에서 번 돈을 부산으로 가져갈 필요 없이 서울에 있는 은행에 예치한 다음에 부산에 있는 지점에서 인출하면 그만이기 때문이다. 이것으로 메디치 가문은 전설적인 부를 축적했다. 오늘날 은행을 의미하는 bank는 의자를 의미하는 이탈리아어 banka에서 유래되었다. 메디치가 사람들이 국제시장 벤치에 앉아 환전을 해주던 것에서 비롯된 것이다.

요즘 꽃집들을 지나다 보면 거의가 '전국 꽃배달'을 강조하고 있다. 서울에 있는 꽃집 A, 부산에 있는 꽃집 B, 광주에 있는 꽃집 C가 만나서 꽃의 종류, 형태, 가격 등의 정보를 인터넷을 통해서 공유하는 것이다. A에 손님이 와서 B 혹은 C에 꽃을 보내려고 하면 인터넷을 열어 꽃의 종류를 선택하게 한 다음에 받을 사람, 보내는 사람, 보내는 사람의 메시지 예를 들면 '생일 축하합니다!' 등의 정보를 B나 C에게 보내면 현지에서 배달이 이루어지는 시스템이다.

수평 네트워크와는 조금 다르지만 페더럴 익스프레스의 설립자 스미스가 창안한 '중심축 이론'도 유사하다. 페더럴 익스프레스는 도시 간 항공화물 운송업체다. 그 이전에도 항공화물 운송업체가 여럿 있었다.

여기서 A부터 J까지 10개 도시가 있다고 하자. 이전의 기업들은 이렇게 영업을 했다. 10개 도시에 지점을 설치하고, 각자가 접수받은 화물을 목적지별로 분류한 다음, 해당 지역으로 출발하는 비행기에 실어 보내는 방식이었다. 이때 필요한 비행기 대수는 10×9로 모두 90대가 필요하다. 그러나 스미스는 전혀 다른 방법으로 접근했다. 각 지점에서 접수받은 화물을 목적지별로 분류하지 말고 가상의 중심점 X로 집결시킨 다음, 여기서 분류를 해서 각 지역으로 가는 비행기에 실어 보내는 방식이다. 이때는 X지점으로 집결시킬 때 10대, X지점에서 해당 목적지로 갈 때 10대 해서 모두 20대의 비행기만 있으면 업무가 완료된다. 찬찬히 생각해보기 바란다.

이제는 수직보다 수평적인 사고가 필요한 시점이다. 기존의 기업들도 수평적인 방식으로 과감히 전환해야 한다.

: 직관적 사고

직관적 사고는 우뇌의 영역이다. 인간의 뇌는 좌우로 나누어져 있다. 좌뇌가 이성적, 인지적, 지적 영역이라면 우뇌는 감성적, 예술적, 창조적 영역이다. 좌뇌가 귀납적, 논리적, 분석적 사고를 담당한다면 우뇌는 창의적, 직관적, 통합적 사고를 담당한다. 물론 두 기능 모두 인간의 삶에 절대적으로 필요한 역할이다. 학문 분야로 따지면 좌뇌가 수학과 과학 분야라면 우뇌는 음악, 미술, 생물학 분야이다.

좌뇌를 사용하는 논리적 사고는 산업화 시대에 가장 중요한 덕목이었다. 산업화 시대의 경쟁력의 핵심은 기술개발과 원가절감 두 가지였다. 남이 갖지 못한 기술을 가지면 경쟁에서 이길 수 있었고, 기술이 평등해진다면 경쟁자보다 더 저렴한 가격으로 공급할 수 있는 자가 이기게 된다. 이것을 가능하게 해주는 학문이 수학, 과학 등 좌뇌의 역할이었다.

그러나 디지털 시대가 되면서 산업의 패러다임이 바뀌었다. 소프트웨어를 예로보자. 소프트웨어는 기술이 아니라 아이디어의 문제다. 소프트웨어는 원가 자체가 문제가 되지 않는다. 디지털 시대의 경쟁력은 오직 아이디어, 상상력이다. 문제를 논리적, 분석적, 수직적으로 접근하는 방식이 아니라 패턴적, 통합적, 수평적으로 접근하라는 것이다.

  인간의 뇌는 원래 우뇌가 훨씬 더 컸다고 한다. 우뇌가 발달했던 옛 사람들은 일상사를 거의 직관에 의해 풀어갔다. 지금도 인도인들은 대부분을 직관에 의존하고 있다. 그러던 것이 교육과정을 통해 우뇌의 기능은 점점 더 축소된 반면 좌뇌의 영역만 확대되어 왔다. 그 이유는 학교 교육이라는 것이 논리적 사고 훈련에 집중되어 있기 때문이다.

  교육이라는 과정을 거치지 않았던 옛 어른들은 우뇌의 기능이 유난히 발달했다. 문제를 논리적으로 따져서 푸는 게 아니라 직관적으로 문제를 해결했다.

  직관이란 논리적 과정을 거치지 않고 곧바로 핵심에 접근하는 방법이다. 아르키메데스가 책상에서 연구에 연구를 거듭한 끝에 부력의 원리를 발견한 게 아니라는 이야기이다. 목욕탕에서 욕조에 몸을 담그는 순간에 깨달은 것이다. 직관은 선험적 지식의 총체라고 한다. 소방관들은 화재 현장에서 폭발의 징후를 거의 직감으로 알 수 있다고 한다. 화염의 방향과 냄새로 직관적으로 알아낸다. 그동안에 축적된 경험으로 폭발의 패턴을 알고 있기 때문이다.

  아인슈타인 역시 직관적 사고의 달인이었다. 그는 이렇게 말한다.

"자연의 법칙에 이르는 논리적인 길은 없다. 오로지 직관에 의해서만 거기에 이를 수 있다."

얼마 전에 세상을 떠난 스티브 잡스 역시 직관의 귀재였다. 사생아로 태어난 그는 대학을 중퇴하고 방황하다가 히피문화에 젖어 있었다. 그러다가 선불교를 접하면서 동양적인 선禪에 빠져들었다. 정신적인 스승을 찾아 인도와 히말라야로 갔지만 스승을 찾지는 못하고 인도인들의 직관적인 삶에 큰 감명을 받았다.

그는 이렇게 말했다.

"인도 사람들은 우리와 달리 지력知力을 사용하지 않았어요. 그 대신 그들은 직관을 사용합니다. 나의 만트라 중 하나는 집중과 단순함입니다. 단순함은 복잡함보다 더 어렵습니다. 생각을 단순하고 명료하게 만들려면 열심히 노력해야 합니다. 그럴만한 가치가 충분합니다. 일단 그 단계에 도달하면 산이라도 움직일 수 있습니다."

그후 미국으로 돌아와 일본인 선승 오토가와 고분치노를 만나 스승으로 삼고 직관적 통찰을 배웠다. 스티브 잡스의 평전을 쓴 월터 아이작슨은 그를 이렇게 적고 있다.

"스티브 잡스는 일생 동안 끊임없는 자기계발과 자아실현을 하고자 한 인물이다. 그는 완벽을 추구하기 위해 마약을 복용해보고 과일만 먹는 등 다양한 실험을 하기도 했으나, 이내 실험을 그만뒀다. 하지만 선불교는 잡스가 오랫동안 몰두할 수 있었던 대상이었다. 고분치노 스님은 잡스에게 디자인과 불교적 영감을 준 멘토였다."

나중에 유명인이 된 스티브 잡스에게 스탠포드 대학은 졸업식 연설을 해달라고 부탁했다. 그는 학생들에게 이렇게 말했다.

"여러분의 시간은 한정되어 있습니다. 남의 인생을 살지 마십시오. 남의 목소리에 귀를 기울이다 보면 결국 남의 인생을 살게 되는 것입니다. 당신의 가슴과 직관을 따를 수 있는 용기를 가지십시오. 늘 갈망하고 우직하게 말입니다."

그는 'Stay Hungry, Stay Foolish!'라는 표현을 사용했다. 늘 갈망하면서 우직스럽게 노력하라는 의미이다. 논리적으로 해결되지 않는 문제의 해결책은 논리 밖에 있다. 그것은 섬광처럼 번뜩이는 느낌일 수도 있고 꿈속에서 나타날 수도 있다. 화가 빈센트 고흐는 꿈속에서 그림을 꿈꾸고 그 꿈을 그렸다고 말하고 있다.

벤젠의 분자구조를 밝힌 독일 과학자 케쿨레도 꿈속에서 벤젠의 분자구조를 본 사례이다. 벤젠(C_6H_6)은 탄소 6개와 수소 6개로 이뤄진 물질로 널리 사용되는 유기화합물이다. 보통 탄소 화합물은 주위에 전자 4개가 있어 전자 하나를 가진 수소 4개와 각각 단일결합을 이루고 있다. 탄소 하나가 수소 4명의 손을 잡고 있는 그림이다. 그런데 벤젠은 탄소, 수소 모두 6개여서 아무리 조합을 해봐도 구조가 맞아들지 않았다. 케큘레는 오랫동안 이 문제에 매달렸지만 풀지 못하고 있었다. 연구에 몰두하던 어느 날 케큘레는 난로가에서 깜빡 잠이 들었다. 그 짧은 낮잠에서 탄소와 수소가 결합하여 마치 뱀처럼 움직이는 꿈을 꾸었다. 그러더니 어느 순간 뱀 한 마리가 자신의 꼬리를 물고 빙글빙글 도는 모습으로 다가왔다.

"자신이 자신의 꼬리를 물다!"

이는 탄소끼리의 결합도 가능하다는 암시였다. 깜짝 놀란 케큘레는 종이에다 꿈에서 본 모습을 그려보았더니 신기하게도 딱 들어맞았다. 그것이 벤젠의 분자구조였다. 즉 6개의 탄소는 한쪽은 이중결합, 다른 한쪽은 단일결합을 통해 다른 탄소와 손을 맞잡고, 남은 하나의 전자로는 수소와 단일결합을 하고서 강강술래를 하는 듯한 구조였다. 이 문제는 분석적, 논리적 사고로는 거의 풀 수 없는 문제이다. 곧 결정적인 순간에는 직관 혹은 상상력의 도움이 필요하다는 의미이다.

학교 시절에 이런 경험이 한두 번씩은 있을 것이다. 수학시험을 치를 때, 분명히 풀어본 문제였는데 공식이 생각나지 않는다. 그러나 시험이 끝나고 시험장을 나서는 순간에 그 공식이 떠오르던 기억 말이다. 이는 논리적인 사고에 집착해있는 동안에는 직관이나 상상력이 제대로 작동하지 못한다는 이야기이다.

재봉틀을 발명한 일라이어스 하우의 사례를 보자. 그가 재봉틀 연구에 매달려 있는 동안 가장 어려운 문제는 바늘이었다. 그러던 어느 날 밀림 속에서 식인종들에게 둘러싸이는 꿈을 꾸었다. 식인종 여러 명이 자신을 향해 창을 겨누는 꿈이었다. 한 가지 특이한 점은 식인종들이 들고 있는 창에는 모두 구멍이 뚫어져 있더라는 것이다. 깜짝 놀라 잠에서 깬 그는 바늘에 구멍을 뚫어야 아래 위 실밥이 매듭을 만든다는 사실을 깨달았다.

1983년에 유전학 분야에서 노벨상을 받은 여성 유전학자 바바라 맥클린턱은 자신의 경험을 이렇게 이야기하고 있다.

옥수수를 대상으로 유전학을 연구하면서 자신들의 조작 실험으로 실험 옥수수 절반 정도가 열매를 맺지 못할 것이라고 생각했으나 검증 결과는 1/3 정도에 불과했다. 이는 상당히 큰 오차여서 그녀와 동료들은 혼란에 빠졌다. '왜일까?' 하면서 연구실로 발걸음을 옮기던 그녀는 갑자기 옥수수 밭으로 달려갔다. 그 순간 그녀는 해답을 알았던 것이다. 그러자 동료들이 그 이유를 설명해달라고 했지만 그녀는 말하지 않았다. 아니 말할 수 없었다.

후일 그녀는 이렇게 적고 있다.

"문제를 풀다가 답이라고 할 만한 어떤 것이 갑자기 떠올랐다면 그것은 무의식 속에서 직관적으로 해답을 찾은 경우이다. 나에겐 그런 일이 자주 있는 편이었다. 나는 그게 답이라는 것을 알았다. 정답이라고 확신했지만 말로 설명할 수는 없었다."

맥클린턱은 그 경험을 유기체적 느낌이라고 표현했다. 옥수수 염색체를 연구하는 동안 그녀는 옥수수와는 별개의 존재로서가 아니라 옥수수와 한 몸이라는 느낌을 받았다. 옥수수의 일부가 되자, 놀랍게도 염색체 내부까지도 볼 수 있었다. 그럴 때는 종종 자신의 존재를 잊기까지 했다. 그리고 직감 혹은 직관을 얻기 위해서는 자신을 잊어버리는 것이 중요하다고 회고했다.

과학자들도 수학적 언어를 별로 사용하지 않는다고 한다. 과학자들이 하는 일이란 직관으로 알게 된 사실을 과학의 틀 속으로 집어넣는 것에 불과하다. 양자전기역학 연구로 노벨 물리학상을 받은 리처드 파인만은 문제를 푸는 과정에서 어떤 그림과 같은 것이 나타난다고 말한다. 후에 수식으로 정리한 것이 이론이라는 말이었다. 그 외에도 논리적으로 문제를 푼 과학자보다 직관에 의해 문제를 해결한 과학자가 훨씬 더 많다.

아인슈타인은 이렇게 말했다.

"직감, 직관, 심상이 먼저 떠오르고 공식은 이를 표현하기 위한 표현의 수단에 불과하다."

: 천재들의 문제 해결법과 공통점

　전문가들은 어떤 문제가 있을 경우 일단은 좌뇌를 사용하여 분석적, 논리적 방법으로 접근한다. 왜냐하면 우리는 학교 교육을 통해 이미 좌뇌를 훈련시켰기 때문에 우뇌가 쉽게 작동하지 못한다. 좌뇌를 이용하여 최선을 다해서 문제가 풀리면 다행이고, 그래도 풀리지 않으면 문제를 집어던지고 전혀 다른 일에 빠져들라고 권유한다. 여행도 좋고, 낚시도 좋고, 친구를 만나 술을 마셔도 좋고, 여자 친구와 데이트라도 하라는 것이다. 그러면 그 순간에 기막힌 해법이 떠오른다.

　좌뇌로 문제를 해결하는 것은 논리적 사고이며, 우뇌로 문제를 해결하는 것은 직관적 사고방식이다. 논리냐, 직관이냐 하는 문제는 아날로그냐, 디지털이냐 하는 문제와도 맞물려 있다. 아날로그가 논리적 사고라면 디지털은 직관적 사고다. 아날로그는 논리의 연속체이다. 이렇게 했더니 이렇게 되더라, 이렇게 하면 이렇게 될 것이라는 가정을 내포하고 있다. 그러나 디지털은 불연속 체계이다. 체중계에 올랐을 때, 바늘이 움직이면서 체중을 알려주는 방식이 아날로그라면 숫자로 체중을 알려주는 것이 디지털이다.

아날로그는 기존의 논리를 좀 더 정교하게 다듬는 방식이다. 그러나 디지털은 지금까지 없던 새로운 아이디어에 접근하는 방식이다.

세계에서 가장 아날로그적인 민족이 일본이다. 일본이 원천기술을 개발한 것은 없으나, 미국에서 개발된 원천기술을 가지고 앙증맞고도 정교하게 다듬어 세계 시장을 누비면서 돈을 번 것은 일본이었다. 반면 한국은 대표적인 디지털 기질을 가진 민족이다. 좋게 말하자면 기발하고 나쁘게 말하자면 '얼렁뚱땅'한 측면이 강하다. 그래서 모든 사람들이 불가능하다고 말하는 것도 거뜬히 해낸다.

아날로그가 칼싸움이라면 디지털은 활쏘기다. 그래서 일본이 칼의 문화인 반면 우리는 활의 문화이다. 양궁대회만 열리면 우리 선수들이 메달을 휩쓰는 것도 이와 무관하지 않다. 아날로그가 내부 지향적이라면 디지털은 외부 지향적이다. 그래서 일본은 정원이 발달했고 우리는 정자가 발달했다.

피카소, 아인슈타인, 헤밍웨이와 같은 사람들은 복잡한 사안들을 몇 가지 단순한 패턴으로 이해한다. 재미있는 것은 일단 이렇게 머릿속에 그린 패턴들은 스스로 반복되고 복제되면서 스스로 새로운 패턴을 만들어간다는 것이다. 그러면 아무런 공통점도 없이 완전히 달라 보이던 두 사물에서 어떤 특질을 공유하고 있다는 것을 깨닫게 된다. 이것이 패턴적 사고이다.

역사의 한 페이지를 장식했던 천재들은 유년 시절도 흡사한 패턴을 가지고 있다. 《천재의 탄생》을 쓴 앤드루 로빈슨은 레오나르도 다빈치, 모차르트, 찰스 다윈, 아인슈타인, 버지니아 울프 등 세계사에 한 획을 그은 천재 열 명의 족적을 파헤치며 이들이 이룩한 창조적 도약의 비밀을 밝혀냈다.

우선 그가 지적하는 것은 천재들의 특이한 가족력이다. 그가 분석한 열 명의 천재 중 9명이 최소한 한쪽 부모와 일찍 이별했거나, 사생아였거나, 조부모 손에서 자란 사람들이라는 점이다.

다빈치는 이탈리아 북부 지역인 토스카나에서 공증인이었던 아버지와 농장에서 일하던 처녀 사이에서 태어난 사생아였다. 당시로서는 신분의 차이로 결혼을 할 수 없었던 모양이다. 다빈치는 세 살 때까지 생모 밑에서 자란 후, 어머니가 다른 남자와 결혼하는 바람에 조부모의 손에서 자라야 했다.

뉴턴은 태어나기도 전에 아버지가 죽는 바람에 유복자로 태어났다. 젊은 그의 어머니는 혼자 살 수가 없어서 마을의 목사와 재혼했다. 어머니가 재혼하면서 세 살배기 뉴턴은 외할머니 손에서 자라야 했다. 뉴턴이 만유인력을 발견했다는 사과나무는 바로 외갓집 정원에 있는 사과나무이다. 그리고 9년 후 재혼한 남편마저 죽자, 어머니는 아이 셋을 데리고 돌아왔다. 그러나 어머니는 뉴턴의 공부에는 무관심했던 모양으로 뉴턴에게 농장 일을 시킬 생각이었다. 뉴턴의 재능을 알아본 외삼촌이 어머니를 설득하여 대학에 보냈다.

다윈은 여덟 살 때 어머니와 사별하고, 마리 퀴리는 열 살 때 어머니와 이별했다. 보모를 잃은 슬픔과 고립감에서 유년 시절을 보냈기에 그것이 오히려 자신만의 창의적인 세계를 여는 데 도움이 되었다고 진단한다. 애플의 스티브 잡스도 태어나자마자 양부모의 손에 맡겨져 자랐다. 타고난 재능이 개인이 처한 환경이나 시대정신과 독특하게 결합될 때, 천재성으로 발현된다는 것이다. 이 문제는 이 책의 다른 장 '환경과 종의 다양성의 관계'에서 좀 더 자세하게 논의할 예정이다.

앤드루 로빈슨은 또 천재들의 또 다른 패턴으로 어린 시절에는 천재는커녕 바보로 의심받았던 경우를 든다. 또 공교육과는 인연이 없는 사람들이었다. 아인슈타인은 7살 때까지 읽을 줄을 몰랐고, 뉴턴은 초등학교 시절에 꼴찌를 해서 학습 부진아 반에 들어간 경력도 있다. 처칠 역시 전교 꼴찌를 했고, 베토벤의 음악 선생은 작곡가로서의 재능이 전혀 없다고 단언했다. 에디슨의 교사는 아무 데도 쓸모없는 아이라며 집으로 돌려보냈다. 세계적인 성악가 카루소는 음악 선생으로부터 네 목소리를 가지고는 성악을 할 수 없다는 혹평을 들어야 했다.

또 천재들은 어느 분야든 최소 10년 동안 한 분야에 몰입하고 있다. 파블로 피카소는 1896년 화가 수업을 시작한 지 10년 만인 1907년에 《아비뇽의 처녀들》을 내놓았고, 헤밍웨이는 처음 소설을 연재한 후 10년 만에 출세작 《태양은 또다시 떠오른다》를 출간했다. 아인슈타인도 특수상대성 이론을 처음 떠올린 1895년으로부터 10년이 지난 1905년에 공식 발표를 했다. 천재 작곡가 모차르트도 작곡을 시작한 지 12년 되는 해에 첫 걸작을 만들었다. 하루 3시간씩 노력한다면 10년이면 대략 1만 시간이 된다.

또 천재들 중에는 결혼하지 않은 사람들도 많았다. 레오나르도 다빈치, 미켈란젤로, 뉴턴, 칸트, 베토벤, 슈베르트 등은 아예 결혼을 하지 않았다. 영국 캔터베리 대학의 심리학자 가나자와 사토시 교수는 유명 과학자 280명의 일대기를 추적한 결과 이들이 가장 왕성한 활동을 한 시기는 35.4세였다. 예술가도 비슷했다. 결혼과 이들이 낸 성과를 분석한 결과 결혼하지 않은 과학자들은 50대에도 20대 못지않은 활동을 했으나, 결혼한 과학자들 중에는 4.2%만이 20대의 활동을 보였다. 연구팀은 남자는 일단 결혼을 하면 남성호르몬인 테스토스테론이 급격히 감소한다는 점에서 그 원인을 찾고 있다.

: 게임 이론

18세기의 경제학자 아담 스미스는 세상 사람들에게 '탐욕의 자유'를 주었다. 아담 스미스 이전의 사람들은 경제 문제를 필요악 정도로 생각했다. 먹고살기 위해서는 물질이 필요하지만, 적극적으로 물질을 추구하는 행위는 비도덕적인 것 혹은 교양인들이 해서는 안 될 것으로 여겼다.

이는 동서양이 마찬가지였다. 동양에서 남자는 선비가 되는 것이 최종 목표였고, 선비가 먹고 사는 일에 연연한다는 것은 손가락질을 받아 마땅한 것이었다. 그러나 아담 스미스는 개개인이 자신의 경제적 이익을 위해 열심히 일하면 그것이 곧 사회를 위해서도 이익이 된다는 이론을 내놓았다.

아담 스미스는 이렇게 말하고 있다.

"우리가 맛있는 식사를 할 수 있는 것은 푸줏간이나 빵집 주인의 박애심 때문이 아니다. 돈을 벌기 위한 그들의 욕심이 우리에게 맛있는 식사를 제공해주는 것이다."

푸줏간 주인은 자신의 이익을 위해 열심히 일한 것뿐이지만, 그것이 다른 사람의 식탁을 풍요롭게 만들어준다는 것이다. 아담 스미스는 모든 사람들이 자신의 이익을 극대화하기 위해 합리적으로 행동하며 각자의 이기적인 행동은 '보이지 않는 손', 곧 가격에 의해 수요와 공급은 저절로 조절된다고 생각했다.

그러나 실제 시장에서는 수요와 공급이 가격에 의해 조절되지 않는 예외가 다수 발생했다. 명품이나 사치품의 경우라면 가격이 비싸야만 팔리는 현상을 어떻게 설명할 것인가?

이런 모순을 설명하기 위해 등장한 것이 '게임 이론'이다. 이 이론은 1921년부터 프랑스 수학자 에밀 보렐에 의해 처음으로 제기되었고, 독일 수학자 폰 노이만에 의해 수학적 모델이 정립되었다. 노이만의 게임 이론은 포커나 체스는 물론 경제, 군사 분야로까지 확대되었다. 폰 노이만은 후에 미국으로 귀화하여 원자폭탄 개발에도 참여한 천재 수학자였다.

폰 노이만이 발명한 게임 이론의 유명한 사례인 죄수의 딜레마를 보자.

범죄 혐의로 A, B 공범 두 명이 잡혔다. 그러나 결정적인 증거가 부족했다. 여기서 검사는 이들을 기소하기 위해서는 반드시 자백을 받아야 한다. 검사는 A, B 두 사람을 분리시킨 다음에 각자에게 이렇게 제안했다.

"당신들은 지금까지의 증거만으로도 모두 징역 1년감이다. 그렇지만 더 큰 죄에 대한 증거가 없으니 범행을 자백하면 당신을 석방시켜주겠다. 대신 당신의 친구는 3년형을 받을 것이다. 그러나 두 사람 모두 자백한다면 똑같이 2년형을 받게 된다."

이 경우 두 사람에게 가장 좋은 선택은 두 사람 모두가 묵비권을 행사하여 징역 1년을 받는 경우이다. 그러나 A에게 가장 좋은 선택은 자신이 자백을 하고 B가 묵비권을 행사하는 경우이다. 그러면 자신이 석방될 수 있기 때문이다. B의 경우도 마찬가지다. 그러나 결과는 두 사람 모두 자백을 하는 바람에 각각 징역 2년을 살아야 하는 것으로 나타난다.

게임 이론은 냉전 당시에도 적용되었다. 미국과 소련이 수소폭탄 경쟁을 하고 있을 때였다. 경우의 수는 모두 4가지다.

A. 모두 가질 경우

B. 모두 갖지 않을 경우

C. 미국이 갖고 소련이 갖지 않을 경우

D. 소련이 갖고 미국이 갖지 않을 경우

미국으로서는 'C'안이 가장 바람직하고, 그다음이 'B', 그다음이 'A'였지만 결과는 두 나라 모두가 수소폭탄을 개발한 것으로 나타났다.

게임 이론 한 가지를 더 보자. A, B, C 세 사람 사이에 목숨을 건 결투가 벌어졌다. 서로가 총으로 상대방을 쏘는 결투였다. A는 명중률 1/3, B는 명중률이 2/3, C의 명중률은 100%이다. 게임의 공정을 기하기 위해 명중률이 낮은 사람부터 쏘기로 했다. 먼저 A가 쏠 차례다. A는 누구를 쏘아야 할까?

1. A가 B를 쏘아 맞춘다면 그다음은 명중률 100%인 C의 총을 맞게 된다.

2. A가 C를 쏘아 맞춘다고 해도 그다음은 명중률 2/3인 B의 총이 기다리고 있다.

이때 A가 취할 수 있는 가장 좋은 대안은 허공을 향해 쏘라는 것이다. 그러면 다음 차례인 B는 필히 C를 겨눌 수밖에 없다. 만약 B가 A를 쏘아 맞춘다면 그다음은 명중률 100%인 C의 총구가 B 자신을 향할 것이기 때문이다. B가 C를 쏘아 명중시켰다면 그다음은 다시 A의 차례가 된다. 만약 B가 C를 맞추지 못했을 경우 자신의 차례가 된 명중률 100%인 C는 명중률 낮은 A보다는 B를 쏘게 될 것이다. 그러고 나면 다시 A의 차례가 된다. 이것이 A가 취할 수 있는 최선의 선택이다.

: 혁신적 문제 해결 패턴, 트리즈

미국에서 달 탐험 우주선을 개발할 때였다. 과학자들은 우주선 외부를 밝혀 줄 전구 개발에 어려움을 겪고 있었다. 우주선이 착륙할 때의 충격으로 전구의 유리가 번번이 깨졌기 때문이었다. 1년을 넘게 끌었지만 이것을 해결하지 못하고 있었다. NASA 측은 러시아 과학자에게 자문을 구했다. 그랬더니 '유리전구는 필요 없다'는 대답이 돌아왔다. 달에는 공기가 없기 때문에 필라멘트가 타지 않으므로 진공으로 된 전구가 필요하지 않다는 설명이었다. 이 문제의 해답을 찾은 방식이 바로 '트리즈' 기법이었다.

트리즈TRIZ란 러시아어 'Teoriya Resheniya Izobretatelskih Zadach'의 약자로 옛 소련의 겐리히 알츠슐러 박사에 의해 제안된 창의적 문제 해결의 방식이다. 알츠슐러 박사는 구소련 타슈켄트에서 태어나 14살이 되던 해에 과산화수소에서 산소를 추출해내는 기술을 개발한 천재적인 과학자였다. 해군 특허부서에서 근무하면서 여러 특허들을 검토하던 중 문제 해결에도 어떤 패턴이 있다는 것을 깨닫고 이를 매뉴얼로 만든 것이 트리즈 기법이다.

이것을 완성하기까지 알츠슐러 박사는 17년 동안 20만 건의 특허를 검토한 것으로 알려지고 있다. 많은 특허들의 공통점은 '모순의 해결'에 있었다. 기술적인 장벽은 항상 모순을 안고 있더라는 것이다.

예를 들면 자동차 연비를 높이려면 출력 또한 높여야 한다. 이는 에너지를 절약해야 한다는 원칙과는 다시 모순이 된다. 이 모순을 해결하기 위한 방법론이 바로 트리즈였다.

1948년 알츠슐러 박사는 스탈린 정권의 교육정책, 특히 창의력 교육을 비판하면서 대안으로 자신이 고안한 트리즈 기법을 건의했다. 이것이 스탈린 정권의 눈엣가시가 되어 그는 25년 형을 선고받고 형무소에 수감되었다.

전화위복이라고 할까? 감옥에는 자신이 만나고 싶었던 수많은 사람들이 있었다. 학자, 문인, 지식인, 예술가 등이었다. 교도소 안에서 이들과 친분을 나누면서 알츠슐러 박사는 통합적인 사고에 눈을 뜨게 되었다. 이것이 트리즈 기법을 완성하는 데 큰 도움이 되었다고 회고했다. 스탈린 사후에 사면되어 출소했으나 고문의 후유증으로 1998년에 타계했다.

그는 트리즈에서 40가지 문제 해결 유형을 제시하고 있다. 당면한 문제에 따라 40개 항목 중 몇 가지 항목에서 이의 해결책을 제시하고 있다. 이 기법을 이용하여 개발된 상품이나 문제가 해결된 사례는 무수히 많다. 상품 중에는 일본 산요에서 개발된 초음파 세탁기가 있다. 이는 세제를 사용하지 않고 인공적으로 만들어낸 물방울을 만들어 물방울이 꺼질 때 생기는 초음파를 이용하여 세탁이 되는 원리이다. 수영장 물을 전기분해해서 살균과 정화를 하는 원리를 세탁기에 응용한 것이다.

우리나라 기업에 적용된 사례로는 자동차 운반선 개선이었다. 자동차를 외국으로 수출하기 위해서는 자동차를 배에 실어 운반해야 했다. 그런데 파도가 칠 때마다 바닷물이 들어와 배가 전복되기도 하고 전복이 되지 않더라도 소금물로 인해 자동차가 부식된다는 문제가 생겼다. 트리즈 기법으로 해결한 방법은 갑판에 구멍을 뚫는 것이다. 그러면 갑판에 들어온 물은 배 아래쪽으로 고이게 되고 배의 무게 중심이 아래로 향하면서 배는 더욱 안전한 균형을 유지할 수 있었다.

 트리즈 기법에서는 분할Segmentation, 추출·분리Taking out·Separation, 국소품질Local quality, 비대칭Asymmetry 등 40가지의 문제 해결방식을 제시하고 있다. 비행기의 바퀴는 이륙과 착륙 시에 절대적으로 필요한 장치다. 그러나 비행기가 하늘을 나는 동안에는 공기의 저항을 일으켜 비행을 방해하게 된다. 시간을 분리하면 이런 해결책이 나온다.

 "비행기가 뜨고 내릴 때는 바퀴가 밖으로 나오게 하고, 비행하는 동안에는 속으로 집어넣으면 된다."

 아이들에게 패턴적 사고를 길러 주기에 아주 좋은 방법이 '숨은그림찾기'이다. 아이들에게 수학 계산 문제를 가르칠 시간에 엄마와 아이가 함께 재미있는 숨은그림찾기를 하라는 것이다. 숨은그림찾기, 미로찾기를 통해 좌뇌가 아닌 우뇌를 활성화시키고 아울러 패턴 찾는 방법을 익힐 수 있다. 이것이 훈련이 되면 복잡한 세상사에서도 쉽게 패턴을 찾아낼 수 있다.

 이와 비슷하지만 또 다른 방법은 아이들에게 우뇌 활성화 훈련을 시킬 때, 정답이 하나뿐인 문제를 내지 말라고 전문가들은 권고한다. 수학처럼 정답이 하나인 문제는 논리적인 영역이지만 숨은그림찾기, 글쓰기, 그림 그리기 등 정답이 여러 개거나 심지어 정답이 없는 문제들이 필요하다는 이야기이다.

1. 오늘은 햇님이 왜 방긋 웃고 있을까?
2. 나무들은 왜 가을이면 고운 옷으로 갈아입을까?
3. 비가 오면 새들은 어디서 잠잘까?

다음에는 무질서한 모양에서 어떤 형상을 찾는 훈련이다. 하늘에 두둥실 떠 있는 구름을 보고 각종 동식물의 모양을 찾는 연습이다. 아이들은 이 놀이를 아주 좋아한다. 이처럼 정답이 없는 문제가 우뇌 개발에 가장 좋은 방법이다. 음악이나 미술도 마찬가지다.

전체적으로, 의미의 패턴으로 생각하게 하는 훈련을 시키라는 것이다. 세상을 바꾸는 것은 아이디어지 계산이 아니라는 것이다.

세상 읽기 시크릿 04

생태학적 패턴

: 패턴이 무너지면 세상은 없다

　세상을 보는 패러다임은 20세 후반에 접어들어 빠르게 기계론적 패러다임에서 생태학적 패러다임으로 전환되고 있다. 패러다임paradigm이란 사전적으로는 한 시대 사람들의 견해나 사고를 규정하고 있는 '인식의 체계' 정도로 정의되지만, 그냥 '사상을 내다보는 창' 정도로 보아도 좋을 듯하다. 어떤 관점으로 세상을 보느냐 하는 문제이다.

　기계론적 패러다임과 생태학적 패러다임을 가르는 기준은 부분과 전체 중에서 어느 쪽에 무게를 두느냐 하는 문제로 요약된다. 부분의 입장에서 전체를 보는 것이 기계론적 사고방식이라면, 전체의 입장에서 부분을 보는 것이 생태학적 사고방식이다. 이는 물질이냐 패턴이냐, 구조냐 질서냐, 양이냐 질이냐 하는 문제와도 연관되어 있었다. 자연을 보는 서양의 시각이 다분히 기계론적이라면 동양의 시각이 생태학적 관점에 가깝다. 그동안 서양은 갈릴레이, 코페르니쿠스, 뉴턴으로 이어지는 근대과학과 기독교의 영향을 받아 자연을 정복의 대상인 객체, 나와 너의 관계로 보았다.

성경에서는 이렇게 기록되어 있다.

"생육하고 번성하여 땅에 충만하여라. 바다의 고기와 공중의 새와 땅 위에서 살아 움직이는 모든 생물을 다스려라."

이와 달리 생태학적 패러다임에서는 자연을 정복의 대상이 아니라 더불어 살아가야 할 공존의 동반자로 보는 입장이다. 동양의 자연관이 폭포에 비유될 수 있다면, 서양의 자연관은 분수에 비유될 수 있을 것 같다. 흐르는 물이 저절로 떨어지는 것이 폭포라면 흐르는 물을 인위적으로 위로 치솟게 하는 것이 분수라는 것이다.

서양이 자연을 마음대로 손댈 수 있는 시각이었다면 동양의 자연관은 스스로 있는 것, 있는 그대로 두라는 것이다.

불교의 자연관은 한층 더 엄격하다. 불교에서는 '일체중생 일체평등'을 주장하며 모든 생명을 같은 뿌리로 보고 있다. 그래서 불교를 생명의 종교라고 하는 것이다. 생태학적 패러다임은 단순히 인류의 미래를 위한 '자연보호' 차원이 아니라 서로 밀접하게 연결되어 있는 자연을 부분이 아닌 전체적인 관점에서 보자는 것이다.

생태학$_{ecology}$이란 용어는 독일의 생물학자였던 에른스트 헤켈이 1889년에 처음 사용한 말이다. 그 역시 그리스의 아리스토텔레스처럼 만물박사로 생물학자, 박물학자, 철학자, 의사, 교수, 화가였다. 그는 다윈의 진화 이론을 독일에 전파한 사람으로 생명의 창조를 주장하는 사람들이 진화론자들을 공격할 때 다윈과 함께 매도되는 인물이기도 하다. 그는 "개체 발생은 계통 발생을 되풀이한다."는 명언을 남긴 사람으로도 알려진 인물이다.

생태라는 단어는 '집'을 의미하는 그리스어 oeko에서 비롯되어 영어의 ecology로 정착된 말이다. 따라서 생태계란 '생명체가 살아가는 공간' 정도의 의미로 보면 맞을 것 같다.

인류가 살고 있는 생태계는 지구촌 생명계와 물질계를 아우르는 열린 시스템이다. 그리고 각 시스템은 다양한 형태로 서로 연결되어 있는 상호의존적이며 상호공존하는 수평적 관계에 있다. 어느 것보다 우월하다거나 다른 것을 지배하는 수직적인 관계가 아니다. 한마디로 인간중심의 사고를 버리는 것이 생태학의 핵심이다.

《생명의 그물》은 물리학자 프리초프 카프라가 쓴 생명공학에 관한 책이다. 그는 지구상의 모든 생명들을 독립적인 개체가 아니라 서로가 유기적인 관계를 맺고 있다고 본다. 세상은 부분들의 집합이 아니라 하나로 통합되어 있다는 그물망이라는 것이다. 부분에서 전체로, 대상에서 관계로, 내용에서 패턴으로의 시각 전환을 촉구하고 있다. 그러나 전체론과 생태학은 미세한 차이가 있다. '전체'라는 단어 속에는 아직도 개체를 기능적인 요소로 보려는 경향이 엿보이기 때문이다. 그러나 생태학은 '생명' 개념을 중심에 두고 있다.

그는 생명의 그물망은 촘촘하게 얽힐수록 좋다며 다음과 같이 말하고 있다.

"생태계에서 연결망의 복잡성은 생물 다양성의 결과이다. 다양성을 지닌 공동체는 변화에 적응하고, 충격을 흡수할 수 있는 능력을 가지게 된다."

지구상의 생물은 대략 3천만 종에 이른다. 그동안 지구상에 나타났던 생물종은 모두 30억 종 정도로 일 년에 대략 1종씩이 사라진 셈이다. 그러나 인간이 지구의 주인이 되면서부터는 하루에 150종 이상이 멸종되는 것으로 보고되고 있다. 가장 근본적인 원인은 인간에 의한 환경 파괴에 있다.

지금 일어나고 있는 꿀벌 붕괴 현상도 이의 일환이다. 대략 2010년 전후한 시기부터 본격화되고 있는 현상이다. 미국에서는 대략 30%의 꿀벌이 사라진 것으로 보고되고 있다. 이의 정확한 원인은 밝혀지지 않았으나 잦은 원거리 이동, 기생충 감염, 농약 중독, 면역력 결핍, 각종 바이러스 감염 등이 복합적인 영향을 준 것으로 보인다.

지구상의 모든 생명체들은 촘촘한 그물망을 이루고 있기 때문에 하나의 종이 붕괴된다는 것은 그물망의 코 하나가 찢어진다는 이야기가 된다. 그리하여 그물 전체가 쓸모없는 것이 될 수 있다. 우리가 먹는 농작물의 1/3이 꽃가루받이로 열매를 맺으며 그중 80%가 꿀벌에 의해 수정되고 있다. 그래서 아인슈타인은 꿀벌이 사라지면 인류도 4년 이내에 멸망한다고 경고했다. 어느 경우이든 인류에 대한 경고임에는 틀림이 없다.

: 규모가 다르면 본질도 다르다

생태학적 관점에서는 부분과 전체는 본질적으로 다르다고 한다. 개체론은 전체를 나누면 부분이 되고, 부분을 합치면 다시 전체가 된다는 입장이다. 따라서 전체를 작은 부분으로 나누고 나누어서 부분의 본질을 알면 전체도 이해할 수 있다는 입장이다. 예를 들면 인간 개개인을 연구하면 이들이 이루고 있는 사회도 이해할 수 있다는 것이다.

그러나 전체론에서 전체는 부분으로 이루어진 것이기는 하지만 부분과는 다른 별개의 존재이며, 전체를 부분으로 나누어서 생각할 수 없다는 입장이다. 가장 대표적인 것이 생명체이다. 생명은 단백질로 이루어졌지만 단순한 단백질의 집합과 이들이 유기적으로 작동하는 생명 현상은 전혀 별개의 존재라는 것이다.

독일의 발생학자 드리쉬는 성게의 알을 가지고 재미있는 실험을 했다. 발생 초기 단계의 세포에서 세포 일부를 파괴하자, 남아 있는 세포는 반쪽짜리 성게로 자라는 것이 아니라 크기는 작지만 온전한 하나의 성게로 자라더라는 것이다. 전체는 부분의 합 이상의 그 무엇이며, 전체의 성질 역시 그 부분들의 단순한 합과는 다르다.

개체론에서는 부분이 전체를 움직인다고 보지만 전체론에서는 전체가 부분을 움직인다고 본다. 100명이 모이면 100가지 생각을 할 것 같지만 집단은 오히려 하나의 새로운 유기체가 되어 스스로 생각하고 행동한다. 그래서 군중은 단순해지기 쉽고 감정으로 흐르기 쉽다. 이것이 부분과 전체와의 관계이다.

예가 적합할지 모르지만 돈과 자본을 보자. 이 둘은 같은 돈이지만 규모가 작은 돈은 그냥 소비적인 용도에 쓰이는 돈일 뿐이다. 하지만 규모가 큰돈은 자본이 되어 생산적인 용도로 사용된다. 돈과 자본이 할 수 있는 일은 본질적으로 다르다.

서양인들은 세상을 서로 다른 사물의 집합으로 보는 반면 동양인들은 사물이 서로 연결되어 있다고 생각한다. 서양이 분석적이라면 동양은 통합적이다. 개체론에서는 부분 하나하나의 문제를 해결하면 전체적인 문제를 해결할 수 있다는 입장인 반면, 전체론에서는 큰일을 해결하면 작은 일은 저절로 해결된다는 메시지를 포함하고 있다.

이는 마치 서양의학과 동양의학의 차이를 보는 것 같다. 서양의학에서는 정신과 육체를 별개로 보지만 동양의학에서는 둘을 하나로 본다. 서양의학에서는 아픈 부위를 수술로 잘라내지만 동양의학에서는 몸의 저항력을 기르고 체질을 개선하여 부분을 치료하는 방식이기 때문이다. 서양의학이 병 중심의 부분적인 접근법이라면 동양의학은 인체를 유기적인 통합체로 본다.

부분의 입장에서 전체를 보는 입장은 코페르니쿠스, 데카르트, 베이컨, 뉴턴 등의 수학자, 과학자들이었다. 특히 데카르트는 플라톤이 현실과 이데아를 나누었듯이 이분법을 동원하여 세상을 철저하게 너와 나로 나누었다. 그리고 세상을 이해하기 위해 전체를 나누고 또 나누는 분석적 접근법을 제시했다. 이것이 뉴턴의 기계론적 세계관으로 완성되었다. 적어도 과학적인 발견, 발명이 이어지던 18~19세기 동안에는 기계론적 세계관이 절대적이었다.

기계론적 세계관이 완성되자, 이에 대한 반발도 만만치 않았다. 낭만주의가 바로 기계론적 세계관에 대한 반발로 등장한 문예사조였다. 영국의 낭만주의 시인 윌리엄 블레이크는 강력한 뉴턴 비판자였다.

그는 이렇게 적고 있다.

"신이시여, 우리를 획일적 시각과 뉴턴적 몽매에서 지켜 주소서."

독일 낭만주의자 괴테는 자연을 '움직이는 질서'라 보고 '형태학'이라는 개념을 도입하여 사물을 전체 속에서 상호적인 관계로 파악하려고 했다. 칸트도 이에 가세하여 생명체는 자기생산적이고 자기조직적인 전체라고 주장했다. 기계라면 각 부분은 전체를 위한 기능에만 초점이 맞추어져 있지만 생명체의 경우에는 각 부분이 서로 의존적으로 존재한다는 것이다. 자기조직화라는 단어를 처음 쓴 것도 칸트였다.

분석적인 세계관에 의하면 A=B라는 명제는 '참'이거나 '거짓'이거나 둘 중 하나이다. 참일 수도 있고 거짓일 수도 있다는 사고는 말도 안 되는 이야기이다. 그러나 동양적인 사유, 특히 불교적인 사유의 세계에서는 얼마든지 가능한 일이다. 그리고 현대 물리학도 동양적인 사유를 지지해주고 있다.

뉴턴에 의해 완성된 기계론적 물리학은 아인슈타인과 하이젠베르크에 의해 두 번 수정되어야 했다. 아인슈타인의 상대성 이론은 시간과 공간은 별개의 것이 아니라 서로 맞물려 있으며, 물질과 에너지 역시 별개의 것이 아니고 같은 것의 다른 측면일 뿐이다. 따라서 이들은 분리할 수 있는 개념이 아닌 것이다. 곧 시간=공간이며 물질=에너지이다.

하이젠베르크의 불확정성 이론에 이르면 소립자의 위치와 속도를 동시에 아는 것은 불가능하다. 위치를 알면 속도가 애매해지고 속도를 알면 위치가 애매해진다. 데카르트나 뉴턴의 생각이 개체론적이었다면 아인슈타인이나 하이젠베르크의 이론은 전체론이다. 그래서 현대 물리학에서는 동양적 사유의 냄새가

난다.

《부분과 전체》는 불확정성의 원리로 노벨상을 받은 물리학자 하이젠베르크의 책의 제목이기도 하다. 이 책은 양자물리학을 철학적 관점에서 바라본 것으로 세상의 본질적인 문제들에 관한 사색과 보어, 아인슈타인 등 당대를 살았던 쟁쟁한 물리학자들과 진지하게 토론한 내용을 회고록 형태로 담아낸 책이다.

하이젠베르크는 친구와 나눈 편지에서 부분과 전체에 대해 전체를 부분으로 나누어보려는 태도야말로 악마의 속성이라고 개탄하고 있다. 그는 독일어에서 '의심Zweifel'이라는 단어의 어원이 '분할Zweiteilung'에서 온 것이라고 지적하면서 개체론자들이 주장하는 분할이야말로 지극히 위험스러운 접근법이라고 지적하고 있다. 전체와 부분은 오직 상보적으로만 이해할 수 있으며 전체를 떠나서 부분이 있을 수 없으며, 부분을 떠나서 전체도 있을 수 없다는 것이다.

하이젠베르크는 과학자들이 새로운 세계, 새로운 이론을 찾아 나서는 과정을 신세계를 찾아 나선 콜럼버스에 비유하고 있다. 과학자들이 찾는 신세계는 그들이 지금까지 의존하고 있던 토대를 박차고 허공으로 뛰어내릴 준비가 되어 있을 때에만 얻어질 수 있는 것이라고 말한다.

그는 이렇게 적고 있다.

"콜럼버스의 위대성은 그때까지 동쪽으로만 한정되었던 항로를 서쪽으로 잡았다는 데에 있지 않다. 그 아이디어는 다른 사람들도 생각했기 때문이다. 여행을 위한 세심한 준비 때문도 아니다. 그가 진정 위대한 것은 당시의 지식으로는 되돌아오는 것이 불가능한 바로 그 시점에서 더 멀리 서쪽으로 뱃머리를 돌릴 수 있었던 결단에 있었다."

양자역학의 사고방식은 불교 경전 화엄경의 내용과도 흡사하다. 화엄경에서는 전체와 부분의 관계에 대해 이렇게 적고 있다.

三 一卽多 多卽一 (일즉다 다즉일)

부분은 전체를 담고 전체 역시 부분을 담고 있다. 신라 의상대사의 사상이 바로 그러했다. 한국 불교 화엄종의 개조인 의상대사는 법성계에서 '一中一切多中一 一卽一切多卽一'이라고 하여 부분 가운데 전체가 있고 전체 가운데 부분이 있으며, 부분이 전체이며 전체가 부분이라고 설파하고 있다.

너와 내가 별개가 아닌 하나의 존재라는 것이다. 하나에서 분화되어 모든 것을 이루고, 모든 것은 그대로 하나이다. 이같이 뜬구름 잡는 소리로 들리던 이야기가 양자역학에 이르면 진리로 확인되고 있다. 서양의 철학자들 중에서도 부분과 전체를 나누는 분석적인 사고보다는 통합적으로 사고하려는 학자들이 적지 않았다. 헤라클레이토스, 칸트, 헤겔, 라이프니츠 등이 그러했다.

헤겔은 이렇게 말하고 있다.

"전체는 부분의 합 이상이다. 전체는 부분의 본질을 결정하고, 부분은 역동적으로 전체와 연결되어 있다. 부분은 전체를 떠나서 설명될 수 없다."

세상을 전체적인 관점에서 보려는 이러한 관점은 이제 대세가 되어 생물학은 물론이고 물리학, 화학, 사회, 경제, 심리, 언어 등 거의 모든 영역으로까지 확장되고 있다. 사회는 단순한 개개인의 합이 아니라 유기체적으로 연결되어 있다. 그래서 집단 스스로가 사유할 수 있고, 그것이 다시 개인을 규정하는 측면이 강하다고 보는 것이다.

노벨 물리학상 수상자인 필립 앤더슨 박사는 "규모가 달라지면 본질도 달라진다."고 말한다. 개인은 사라지고 거대한 새로운 하나의 유기체가 형성된다는 의미이다.

인터넷, 페이스북, 트위터 등 네트워크의 범위가 무제한적으로 영역을 넓혀가면서 거대한 새로운 유기체가 되는 것이다. 이것으로 사회, 문화, 정치적으로 거대한 변화를 이끌어내는 것이다.

주식시장을 보면 투자자 개개인은 나름대로 합리적인 판단으로 투자를 하는 것처럼 보이지만, 이들이 하나의 집단을 이루어 정보와 의사를 교환하면서 개인은 사라지고 전체가 개인과는 별도의 유기체처럼 행동하게 된다는 것이다. 서로가 서로에게 영향을 미치고 이것이 증폭되어 자기조직화를 이루기 때문이다.

: 자기조직화

노벨상 수상자인 러시아 출신의 벨기에 과학자 일리야 프리고진은 명저 《혼돈 속의 질서》에서 사회적인 현상은 물론 생명의 탄생까지도 자기조직화 이론으로 설명할 수 있다고 주장한다.

그는 점균류 곰팡이들을 관찰하면서 자기조직화 이론을 정립했다. 이들은 영양분이 모자라게 되면 서로 신호를 보내어 수만 마리가 한 곳에 모여 일정 이상의 규모를 갖춘다. 그리고 나서 하나의 유기체가 되어 기어 다니면서 영양을 섭취한다는 것이다. 그후에 먹이환경이 좋아지면 다시 흩어져서 단세포 생물의 자리로 돌아가더라는 것이다.

그는 자기조직화 이론으로 노벨상을 수상했다. 그의 주장에 의하면 닫힌계에서는 모든 사물에 엔트로피 증가의 법칙이 작용하면서 질서에서 무질서로 향하지만, 열린계에서는 반대로 무질서에서 질서를 만들어갈 수 있다고 주장한다. 이때 그 계는 외부의 질서를 흐트러지게 하는 대신 자신의 질서를 구축한다.

생명 현상은 전형적인 역엔트로피, 곧 엔트로피를 낮추어가는 현상이다. 프리고진은 질서를 형성하게 되는 요인으로 '요동'을 들었다. 아무리 작은 요동이라도 충분한 시간 동안 반복되면 안정적인 구조가 생겨난다는 것이다. 프리고진은 요동이 질서를 만들어가는 과정을 이렇게 설명하고 있다.

"자연계에서 가장 핵심적인 메커니즘은 요동이다. 생명은 무생명의 요동이며, 파충류는 어류의 요동이고, 조류는 파충류의 요동이고, 인간은 포유류의 요동이다."

여기서 말하는 요동은 외부에서 지속적으로 가해지는 에너지에 의해 일어난다. 어떤 계에 외부에서 가해지는 에너지가 배출되는 에너지보다 더 많으면 계는 요동을 하면서 내부구조가 붕괴되어 비평형상태가 된다. 가해지는 에너지가 더 많아지면 계의 내부구조가 무너지면서 새로운 질서가 나타나게 된다. 그는 이것을 '소산구조'라고 불렀다.

프랑스 물리학자 앙리 베나르의 실험에 의하면 커다란 냄비에 액체를 붓고 서서히 열을 가하면 처음에는 바닥의 열이 위로 향하지만 바닥과 윗부분의 온도가 일정 수준 이상으로 차이가 나면 열의 흐름은 갑자기 대류로 변하면서 '육각형의 세포' 모양으로 변한다고 말한다. 이러한 현상을 분기 현상, 가지치기, 창발 현상 혹은 자기조직화라고 부른다.

요동에 의해 질서가 만들어지는 과정으로 강변의 모래를 보자.

강변의 모래는 강물에서 멀수록 고운 모래가, 강물에 가까울수록 굵은 모래, 작은 자갈, 큰 자갈의 순서로 질서정연하게 아름다운 물결무늬를 이루고 있다. 또 강변의 자갈을 들추면 작은 자갈들이 층을 이루고 더 아래로 가면 굵은 모래, 가는 모래, 미세한 모래로 질서정연하게 층을 이루고 있다. 이는 물결이라는 요동이 만들어낸 질서의 세계이다. 사막의 아름다운 물결무늬는 바람의 요동이 만들어낸 자기조직화이다.

건설 현장에서는 모래와 자갈을 많이 필요로 한다. 모래도 알갱이의 크기에 따라, 자갈도 크기에 따라 용도를 달리하는 것이다. 이를 크기대로 분류하는 방법은 없을까? 아주 간단하다. 강변에서 모래와 자갈을 채취한 다음에 트럭에 싣고 건설공사 현장까지 덜커덩거리면서 달리고 나면, 모래는 아래로 자갈은 위로 크기별로 질서정연하게 나누어진다. 트럭의 덜컹거림이 바로

'요동'이다. 그리하여 한 번 위로 올라온 자갈은 다시는 아래로 내려가지 못한다.

1953년, 스탠리 밀러와 헤럴드 유레이는 전기 자극으로 유기물이 형성되는 실험에 착수했다. 플라스크에 메탄, 암모니아, 수소, 물 같은 단순한 분자들을 담고 여기에 전기 충격을 가하고 나서 며칠 후 플라스크 내부를 관찰했을 때, 생명의 구성 요소를 포함하여 복잡한 유기분자가 형성되는 것을 확인했다. 자연상태에서는 번개가 생명 탄생에 필요한 훌륭한 에너지원이 된다.

논의를 확장한다면 단세포 생물에 대략 30억 년의 시간을 주면 복잡한 다세포 형태로 발전할 수 있을 것이라고 말한다. 지구는 살아있다고 주장한 러브록은 지구 위에 살고 있는 모든 생명들은 하나의 흐름으로 연결되어 있다고 주장한다. 에너지의 불균형이 흐름을 만들어내고, 그 흐름이 질서를 만들어낸다. 생명 현상도 그런 질서 중의 하나이다.

만약 지구촌의 물질과 에너지가 모두 물리적, 화학적인 평형을 이룬다면 지구에는 에너지의 흐름이 사라지고 더 이상 어떤 생명체도 살 수 없는 죽은 별이 될 것이다. 화성에 생명체가 없는 것은 화성의 대기가 완전한 화학적 평형을 이루고 있기 때문이라고 러브록은 주장한다.

모래 쌓기 놀이를 보자. 평평한 바닥에 모래를 계속해서 부으면 모래는 산이나 언덕 모양으로 쌓인다. 모래언덕이 어느 정도 이상으로 쌓이면 이후부터는 더 이상 쌓이지 않고 경사면을 타고 흘러내리기 시작한다. 모래언덕은 일정한 각도를 이룰 때까지만 쌓인다.

한 가지 재미있는 것은 이 각도는 모래더미의 규모와는 상관이 없이 일정하다는 사실이다. 시카고 대학의 재거 교수와 동료들은 전자현미경으로 모래언덕을 촬영해보았더니 표면은 물처럼 흘러내리는 반면 내부는 고체처럼 고정된 형태를 보였다. 모래가 흘러내리기 시작하는 각도를 멈춤각 혹은 임계치라고 부른다. 만약 모래더미가 임계치 이상으로 쌓였을 경우에는 단 한 알의 추가적인 모래로도 모래언덕 전체를 붕괴시킨다.

이 알갱이 역학이 주목을 받는 이유는 카오스 물리학과 상당히 유사한 점이 있기 때문이다. 알다시피 카오스 이론에서는 조건이 조금만 바뀌어도 전혀 다른 형태의 패턴으로 나타나는 현상이다. 알갱이 역학은 이제 지진이나 사회 현상을 연구하는 분야로 확대되고 있다. 그동안 물리학자들은 기체, 액체, 고체에 대해서는 많은 연구를 했으나 '알갱이 역학'에 대해서는 비교적 최근에 연구하기 시작했다.

물리학자들은 이런 현상을 '브라질 땅콩효과'라고 부르기 시작했다. 브라질의 땅콩 캔은 크기가 다양한 땅콩을 섞은 캔인데, 캔을 열어 보면 굵은 땅콩이 언제나 맨 위에 있고 아래로 내려갈수록 작은 땅콩이 자리하고 있다는 데서 따온 말이다.

19세기를 살았던 프랑스의 대문호 빅토르 위고의 작품《레미제라블》에는 다음과 같은 대사가 나온다.

"하나의 분자가 움직이는 경로를 누가 과연 완벽히 계산해낼 수 있을까? 쏟아지는 모래 알갱이들이 만들어내는 패턴이 이 우주의 탄생과 무관하다고 우리는 어떻게 확신할 수 있단 말인가?"

작은 모래 알갱이들이 만들어내는 패턴 속에서 우주의 이치를 생각했던 무서운 상상력의 소유자였다. 빅토르 위고의 예언이 있은 지 100년이 지나서야 물리학자들이 그의 말에 관심을 기울이기 시작한 것이다.

해질녘이면 노을이 지는 하늘을 배경으로 새들이 무리를 지어 난다. 겨울에 우리나라를 찾는 철새, 기러기는 'V'자 편대를 이루며 질서정연하게 하늘을 난다. 거대한 무리 전체가 마치 하나의 거대한 유기체인 것처럼 일사분란하게 행동하지만 충돌사고는 일어나지 않는다. 메뚜기, 벌, 물고기들도 무리를 지어 이동한다. 여기에도 아주 단순한 규칙이 있다.

컴퓨터 공학자인 크레이그 레이놀즈는 컴퓨터 분석을 통해 새들이 무리를 짓는 규칙을 찾아냈다.

1. 앞선 동료에 가까이 그러나 충돌하지 않을 정도로
2. 옆의 동료와는 나란히

《사회적 원자》를 쓴 마크 뷰캐넌은 미국 대도시에서 흑인 거주지역과 백인 거주지역이 저절로 나누어지는 현상을 소개하고 있다. 보통 흑인들은 빈곤한 도심지역에 살고 부유한 백인들은 교외에 모여 산다. 이는 누가 시킨 것이 아니라 단지 '고립된 소수가 되기 싫다'는 생각만으로도 저절로 나누어지는 것이라고 설명한다.

뉴욕의 할렘가를 보면 원래는 돈 많은 유대인들이 사는 동네였다. 그러다 흑인들이 하나둘 이사해오면서 유대인들이 모두 떠난 경우였다. 사회적 패턴에 접근하는 방법도 인간을 하나의 분자나 원자처럼 생각하라고 충고하고 있다. 유행 역시 고립을 피하려는 인간의 본성에서 비롯된다. 다른 사람의 행동을 따르는 것이 심리적으로 안정을 느끼기 때문이다.

뷰캐넌은 이 책에서 같은 노선의 버스들이 서로 몰려다니는 현상을 재미있게 소개하고 있다. 출퇴근 시간이 되면 때로는 버스를 30~40분씩 기다려야 하는가 하면, 때로는 서너 대가 동시에 몰려온다. 그러자 이의 원인을 조사했는데, 해답은 같은 노선의 버스는 뒤차가 앞차를 앞지르지 못하도록 정한 규칙 때문이었다. 즉 가장 앞선 버스는 기다리는 승객을 태우느라고 늦어지는 반면 뒤에 오는 버스는 앞차를 추월할 수 없기에 기다리게 되고, 결국 여러 대가 함께 몰려다니게 된다는 것이다. 이것을 해결하기 위해서는 앞선 버스가 정류장에서 손님을 태우고 있다면 뒤에 도착한 버스는 손님을 태우지 말고 추월하라는 것이다.

주말에 도심에 나가 보면 오가는 사람들이 긴 행렬을 이루고 있다. 재미있는 것은 누가 시키지 않아도 저절로 오는 사람과 가는 사람의 줄로 나누어지게 된다는 것이다. 오는 사람은 왼쪽, 가는 사람은 오른쪽 하는 식이다. 뒷사람을 따르는 것이 충돌을 피하면서도 가장 빨리 갈 수 있는 방법이다. 새들의 군무도 그러하다. 수만 마리의 새들이 질서정연하게 비상하고 일제히 동시에 방향을 바꾸는 것을 보면 무질서 속에 어떤 질서가 있다는 것을 느낄 수 있다. 뛰어난 두뇌를 가진 우두머리가 있어 무리를 지휘하는 것처럼 보인다. 이런 현상들이 집단의 자기조직화이다.

작은 물고기들이 거대한 집단을 만들어 세를 과시하면서 몸집

이 큰 것처럼 천적을 속이는 것도 자기조직화의 일종이다. 가장 대표적이고도 우아한 자기조직화 과정이 인간의 두뇌이다. 인간의 뇌는 수백억 개의 세포로 구성되어 있으며 많은 신경전달 물질들의 전기, 화학적인 작용에 의해 작동되는 전형적인 카오스이다. 이렇게 혼돈된 상태에서 눈부시도록 아름다운 '의식'이 형성된다.

역카오스 현상도 자기조직화의 일종이다. 무질서에서 질서로 이행되는 과정인 것이다.

뉴욕 시의 사례를 보자. 1980년대 뉴욕 시는 지하철 범죄와 전쟁 중이었다. 뉴욕 지하철 상황은 혼란 그 자체였다. 연간 1만 5천 건의 강력 범죄가 발생하던 것이 1980년대 들어서는 2만 건으로 증가했다. 마침내 뉴욕 경찰은 범죄와의 전쟁을 선포했다. 총을 들고 이들과 싸우는 것이 아니라 범죄의 심리적 온상이 되는 지하철 낙서부터 지우기 시작했다. 낙서를 지우는 작업은 1984년부터 1990년까지 6년간 실시되었다.

다음으로는 지하철 무임승차를 철저하게 단속하기 시작했다. 낙서와 마찬가지로 무임승차와 같은 작은 기초질서 위반이 범죄의 심리적 온상이 된다는 생각에서였다. 이 무렵 하루 17만 명 정도의 사람들이 무임승차를 하고 있었던 것으로 추정되고 있었다. 단속 결과 무임승차자 7명 중 한 명꼴로 범죄 전과가 있는 사람들이었고, 20명 중 1명은 무기를 소지하고 있었다. 단속이 강화되자 불량배들은 무기를 집에 두고 요금을 지불하기 시작했다. 이 두 가지 조치의 결과로 범죄가 급속히 감소하면서 치안이 확보됐다. 1990년이 되자, 지하철 강력 범죄는 75%가 줄어들었다. 무질서에서 질서로! 이것이 자기조직화이다.

: 공명

2000년 6월 10일 화창한 토요일, 영국 테임즈 강에는 21세기를 기념하기 위해 건설한 밀레니엄 다리 개통식이 열리고 있었다. 2천 7백만 달러를 들여 북쪽의 성 베드로 성당과 남쪽의 현대 미술관을 연결하는 보행자 전용의 이 다리는 런던의 명소로 만들기 위해 설계한 것이었다. 다리는 우아했고 디자인은 혁신적이었다. 현수교였지만 구불구불한 형태를 하고 있었다. 길이 320m, 야간 조명을 받을 경우를 고려하여 다리의 별명을 '빛의 칼'로 정했다.

개통 첫날에 이 다리를 건너기 위해 많은 시민들이 모여들었다. 테이프 커팅이 끝나자마자, 시민들이 양쪽에서 다리에 진입

했다. 그러자 곧 다리가 흔들리기 시작했다. 다리 위에 있던 시민들이 당황하자, 다리는 더욱 거세게 흔들렸다. 목격자들에 의하면 좌우로 20cm까지 흔들리면서 690톤에 달하는 강철과 알루미늄이 S자로 휘어져 버렸다.

그러자 당국은 즉시 다리를 폐쇄했다. 설계자였던 포스터 경은 주파수별 다리의 진동을 측정했다. 초당 1사이클이 되자, 다리가 진동하기 시작했다. 1초면 사람들이 보통 두 발자국을 떼는 속도이다. 다리가 조금씩 흔들리자, 다리 위를 걷던 사람들이 모두 흔들리는 다리의 리듬에 걸음걸이를 맞추었던 것이다. 그러자 다리는 걷잡을 수 없을 정도로 흔들리면서 휘어 버렸다. 당시 다리 위에 있던 사람은 모두 2천 명 정도였다.

여러 사람이 다리를 건너고 있다고 하자. 사실 모든 다리는 인간이 느끼지 못할 뿐 조금씩 진동을 하고 있다. 다리뿐 아니라 모든 물체는 자체적인 리듬을 가지고 있다. 현수교는 더욱 그러하다. 이때 진동에 민감한 몇 사람이 다리의 진동을 느끼고 그 진동에 발걸음을 맞춘다. 그러면 다리는 좀 더 많이 진동하게 되고, 이를 느낀 다른 사람들 역시 다리의 진동에 발걸음을 맞추면 다리는 걷잡을 수 없이 흔들리게 된다.

영국에서는 전에도 다리 붕괴사고가 있었다. 1831년에 있었던 영국 맨체스터 부근에 있는 브로스톤 현수교의 붕괴를 들 수 있다. 영국의 한 보병부대 1개 중대가 이 다리 위로 노래를 부르면서 구호에 맞추어 행진을 하는 바람에 다리가 무너진 사건이었다. 행진하는 군인들의 규칙적인 발걸음이 다리의 고유 진동수와 같아 진동이 증폭되면서 붕괴로 이어졌다. 그후 영국에서는 다리 위를 지날 때는 노래도 부르지 말고, 발도 맞추지 말고, 제멋대로 걸으라는 지시가 하달되었다.

1940년 11월 7일, 미국 워싱턴 주 타코마 해협에 놓인 현수교가 무너진 적이 있다. 이 다리는 길이 840m의 거대 철구조물로 190km/h의 강풍에도 견딜 수 있도록 설계되었지만 풍속 70km/h의 바람이 구조물의 고유 진동수와 일치하는 바람에 붕괴된 것이다.

우리나라에서도 그런 일이 있었다. 2011년 서울 구의동에 있는 39층짜리 테크노마트 건물이 크게 흔들리는 사고가 일어났다. 화분이 흔들릴 정도였다. 정밀 조사결과 이 건물에 있는 극장과 헬스클럽이 문제였다. 극장은 영상에 맞춰 의자가 들썩거리도록 설계된 4차원 첨단 시설이었고 헬스클럽에는 많은 사람들이 러닝머신에서 달리기를 하고 있었다. 이들의 주파수가 공명을 일으키면서 진동한 것이었다. 공명이란 같은 주파수를 가진 두 물체가 있을 때, 어느 하나가 진동하면 다른 물체도 같이 진동하는 현상이다. 예를 들자면 책상 아래 바이올린을 놓아두고서 다른 바이올린을 연주하면 두 바이올린이 같이 소리를 내는 원리이다.

양자물리학자 데이비슨과 거머는 전자가 파동성을 갖고 있다는 것을 증명하여 세상 모든 것은 특정 주기의 진동을 반복하는 것임을 밝혀냈다. 진동은 작은 떨림의 반복이다. 그 반복되는 주기가 세상을 만들고, 변화를 일으키며, 사건을 일으키고, 음악과 예술을 창조하기도 한다.

공명 현상의 대표적인 예는 그네의 운동이다. 그네가 앞뒤로 오가는 흔들림이 진동이다. 그네의 리듬에 맞게 밀어주면 그네는 점점 더 높이 올라가게 된다. 그네를 잘 뛰는 이치도 리듬에 맞추어 발을 구르는 것이다. 와인 잔에도 같은 진동수의 소리를 보내면 잔은 공명 현상을 일으키며 진폭이 점점 커지다가 깨지게 된다. 전자레인지의 원리도 마찬가지다. 파장이 약 1.2cm인 마이크로파를 방출해 음식 속의 물 분자를 진동시키는 것이다. 이것이 큰 폭으로 진동하면 분자운동으로 발생하는 열에너지가 음식물의 온도를 높이면서 조리된다.

: 천재들은 동시다발적으로 등장한다

　인류 역사상 위대한 천재들은 거의 동시다발적으로 등장했다. 마치 한 명의 천재가 나타나 잠든 다른 천재들의 영혼을 일깨우는 것처럼 말이다. 기원전 5세기, 르네상스 시기, 근대과학의 문이 열리던 17~18세기, 역시 17~18세기 고전음악의 천재들이 동시다발적으로 출현했던 시기이다.

　기원전 5세기는 인류 역사에서 참으로 흥미로운 기간이었다. 이 시기를 전후하여 그리스에서는 소크라테스, 플라톤, 아리스토텔레스와 같은 위대한 사상가들이 등장하여 서양문명의 토대를 마련하였다. 역시 같은 시기 중국에서는 노자, 공자, 맹자, 순자 등의 제자백가들이 동양문명의 토대를 마련하였다.

　여기서 그치지 않는다. 동양의 또 다른 한 축인 인도에서는 자이나교를 창시한 마하비라와 불교를 창시한 석가모니가 활동했고, 고대 페르시아에서는 조로아스터교를 창시한 자라투스트라가 활동했다. 석가모니나 자라투스트라의 경우에는 생몰 연대가 명확하지 않지만 살았던 연대로는 자라투스트라, 석가모니, 공자, 소크라테스 순서이다.

　인류 역사상 이처럼 사유가 풍성했던 황금기는 다시는 없었다. 이 시기에 등장했던 소크라테스와 플라톤의 철학이 아니었더라면, 유클리드나 피타고라스의 수학이 없었더라면, 아리스토텔레스나 히포크라테스의 과학과 의학이 아니었더라면 현대의 서양 문명도 존재하지 못했거나 한참 뒤로 미루어져야 했을 것이다.

이는 동양의 사상도 마찬가지였다. 노자, 공자, 맹자로 이어지는 사상은 동양사상의 큰 틀을 형성하였으며 같은 시기에 나타난 석가모니 붓다의 사유 역시 동양사상의 큰 밑거름이 되었다. 이 찬란한 사유의 시대가 기원전 5세기에 집중적으로 나타났다는 사실이 경이롭기만 하다.

르네상스 시기를 보자. 14~16세기 이탈리아의 조그만 도시 피렌체에서 130여 명의 천재들이 한꺼번에 등장하여 중세의 어둠을 걷어내고 르네상스의 막을 올렸다. 당시에 등장한 천재들은 거의가 몇 백 년에 한 번 나올까 말까 할 정도의 천재들이었다. 대표적인 인물이었던 레오나르도 다빈치는 1천 년에 한 번 나올 수 있을까 한 인물로 평가되고 있다. 당시 피렌체 인구가 5만 정도였으니 더욱 기적에 가까운 사례로 평가된다(피렌체 인구는 11만 정도였으나 흑사병으로 절반 가까이 죽으면서 인구가 절반 이하로 줄어들었다).

마지막으로 근대 과학혁명이 일어났던 17~18세기도 그러했다. 코페르니쿠스, 갈릴레오 갈릴레이, 데카르트, 아이작 뉴턴,

케플러, 라부아지에 등과 같은 위대한 과학자들이 신기하게도 동시다발적으로 등장하여 과학혁명을 이끌었다. 고전음악의 천재들도 동시에 태어났다. 17세기에 헨델과 바흐가 태어났고 18세기에 들어 하이든, 모차르트, 베토벤, 슈베르트, 멘델스존이 등장했으니 말이다.

앞서의 기원전 5세기 이야기로 돌아가보자. 고대 그리스, 중국, 인도, 페르시아에서 화려한 사상들이 동시다발적으로 피어난 사실을 어떻게 해석할 수 있을까? 우연치고는 너무나 신기한 우연이다. 이런 경우들은 뉴턴의 인과법칙으로는 설명이 되지 않는 비인과적인 사례일 것이다.

스위스 출신의 의사이자 심리학자였던 칼 융은 집단무의식이라는 개념으로 천재들의 동시 등장을 설명하고 있다. 융은 프로이드의 제자이자 동료로 알려졌지만 같이 일한 기간은 5년에 불과했다.

두 사람은 무의식을 보는 관점에서 서로가 큰 차이를 보였다. 프로이드는 인간 행동의 중요한 동기를 성적 충동과 유년 시절의 억압된 기억에서 찾고 있다. 프로이드의 이론에 만족할 수 없었던 칼 융은 집단무의식이라는 새로운 개념을 만들어냈다. 그것은 특정 집단이 공동으로 가지고 있는 무의식 세계를 말한다. 프로

이드는 무의식을 맹목적이고 쓸데없는 것이라고 격하시켰지만, 칼 융은 집단무의식의 창조적인 측면을 인정하고 있다.

역사상 많은 업적들이 이런 무의식의 영감으로 이룩된 것들이었다. 반지의 제왕을 쓴 톨킨은 자신의 노력으로 그 작품을 쓴 것이 아니라 이상한 힘에 이끌렸다고 고백하고 있으며, 흑인 여성 최초의 노벨 문학상 수상자인 모리슨도 같은 이야기를 하고 있다. 노벨상 수상작품인 《사랑하는 사람》을 쓸 당시 이상한 힘에 이끌려 미친 듯이 써내려갔다는 것이다.

칼 융의 이론에 의하면 공동의 역사를 가지고 있는 민족이나 집단은 보이지 않는 끈이나 파동 같은 것으로 연결되어 있다. 무의식의 네트워크 같은 것이다. 그것이 개개인의 무의식 세계로 스며들어 인간의 행동에 영향을 미친다는 이론이었다. 신화, 역사, 각종 의례에서 나타나는 상징이나 패턴들이 그 증거들이다. 말하자면 원형의 무의식인 셈이다.

사람들은 자신의 생각을 가지고 자신을 나타낸다고 생각하지만, 사람과 사람은 바다의 출렁이는 파도처럼 서로가 연결되어 무의식을 공유한다. 꿈에서 본 일이 현실적으로 일어나는 경우라던가, 처음 간 낯선 장소가 언젠가 분명히 보았던 느낌이 드는 것이라던가, 어떤 친구의 이야기를 하고 있는 중에 호랑이 제 말하면 나타나듯이 실제로 그 친구가 찾아오는 경우 등이다.

의사였던 칼 융은 환자와 고대 이집트의 장수풍뎅이 이야기를 나누고 있었다. 그럴 때 실제로 장수풍뎅이가 나타났고, 환자의 상태는 빠른 회복기로 접어든 경험을 하게 되었다. 융은 세상을 에너지가 상호작용을 하는 거대한 네트워크라고 생각했다. 이를 양자역학에서는 양자의 '얽힘 현상'으로 보고 있다. 하나의 물체가 에너지의 이동 없이 다른 물체에 영향을 줄 수 있다는 것이다.

이런 동시성 현상은 동물의 텔레파시에도 영향을 미친다고 한다. 여기서 100번째 원숭이 이야기를 인용해보자.

일본 코시마 섬에 원숭이들이 집단으로 살고 있었다. 생물학자들이 원숭이의 지능을 실험하기 위해 바닷가 흙 속에다 원숭이들이 좋아하는 고구마를 묻어 놓았다. 흙 묻은 고구마를 어떻게 처리하는지를 보기 위함이었다. 다른 원숭이들이 흙 묻은 고구마를 두고 몹시 난감해 하고 있을 때, 늙은 암컷 원숭이 한 마리가 고구마를 물에 씻어 먹었다. 그 모습을 본 다른 원숭이들도 따라 하기 시작했다. 그리하여 100번째 원숭이가 고구마를 씻어 먹자, 이 섬에서 떨어진 다른 섬의 원숭이들도 같은 행동을 따라 하더라는 이야기이다.

이를 심리학적으로 설명하자면 한 종족의 의식은 육체적으로는 분리되어 있어도 이들의 무의식은 연결되어 있다는 것이다.

: 집단사고의 함정

개미나 꿀벌 사회를 보자. 이들은 한 마리씩 격리시켜 놓으면 몇 가지 본능적인 행동밖에는 하지 못하지만, 어느 정도 이상의 규모가 되면 각자가 업무를 분담하여 질서정연하게 행동한다. 집을 짓고, 먹이를 나르고, 새끼를 돌본다. 상호적인 정보 교류와 피드백을 통해 고도의 질서를 이룩해나간다. 이들 중 하나가 먹이를 발견하면 다른 동료가 쉽게 찾을 수 있도록 페르몬을 뿌린다. 그리하여 개미들은 길게 줄을 지어서 먹이를 찾아 나선다.

아프리카 사막의 흰개미들은 높이가 3m나 되는 굴뚝 모양의 집을 짓는다. 내부의 온도를 일정하게 유지할 수 있도록 공기 흐름까지 완벽하게 조절한다. 냉난방 시설을 완벽하게 갖춘 현대식 저택인 것이다. 개미 사회에서 여왕개미는 일벌들을 지휘하지 않는다. 오직 알을 낳을 뿐이며 수개미는 여왕개미에게 정자를 제공하는 일 외에는 아무런 일도 하지 않는다. 일개미들이 그저 본능적으로 하는 몇 가지 행동이 거대한 작업을 가능하게 한다. 하버드 대학의 곤충학자 윌리엄 윌러는 개미 사회를 연구하면서 개미들의 이러한 능력을 '집단지능'이라고 이름 붙였다.

요즘은 기업들도 다투어 집단지능을 연구하고 있다. 여러 사람의 의견을 모으면 훨씬 더 좋은 결정이 나올 수 있을 거라는 가정하에서일 것이다. 그러나 연구결과는 시너지효과를 내지 못하는 경우가 더 많았다. 똑똑한 사람들이 모여서 멍청한 의사결정을 내릴 때, 이를 '집단사고의 함정'이라고 부른다. 바보 10명이 모이면 그중 3명은 천재가 되지만, 천재 10명이 모이면 7명은 바보가 된다는 말이 있다.

앞서의 사례는 꿀벌이나 개미들의 사회일 것이고 뒤의 사례는 정치인들이 전형적일 것이다. 정치인들을 개인적으로 만나보면 대부분 똑똑하고 애국심도 있어 보인다. 정치적인 분야가 아니더라도 지능이 뛰어난 사람들이 모여서 만들어내는 결과는 평범한 사람의 그곳보다 못한 경우도 많다.

왜일까? 개미나 꿀벌의 몇 가지 단순한 행동은 수평적으로 연결되어 시너지효과를 내지만, 고립적인 성격이 강한 천재들은 마이너스(-) 시너지가 일어난다는 것이다. 천재들이 모여서 창조적인 일을 할 수 있는 규모는 7명이 한계라는 학설도 있다.

그러나 사람들도 두뇌가 별로 필요하지 않은 단순한 분야에서는 저절로 아름다운 질서가 형성된다. 예를 들면 주말 복잡한 도심을 걸을 때, 저절로 행렬이 형성되는 것과 같은 경우이다. 앞서 예로 든 인터넷, 페이스북, 트위터 등도 수평적인 연결망이라는 점에서 거대한 집단을 이루기는 하지만 창의적인 문제 해결을 위해서는 바람직하지 않을 수도 있다는 것이다.

역사적으로 몇 번째 안에 드는 천재였던 존 스튜어트 밀은 이렇게 말하고 있다.

"천재는 오직 자유로운 공기 속에서만 숨을 쉴 수 있다. 천재들은 배타적이기 때문에 다른 사람이 쳐놓은 그물에 갇히는 것을 가장 두려워한다. 그들을 억지로 그물 속에 가둔다면 그들은 아무 일도 하지 못할 것이다."

미국인들은 근대사에서 가장 똑똑한 사람들이 모여 가장 바보 같은 결정을 내린 사례로 미국의 피그만 침공을 든다.

1961년 케네디가 대통령에 취임한 직후였다. CIA는 눈엣가시 같았던 쿠바를 침공하기 위해 쿠바를 탈출한 망명자들을 훈련시켜 피그만에 상륙시킬 계획을 수립했다. 이 병력이 일단 쿠바 해변에 상륙하면 쿠바인들이 카스트로 정권에 대해 총궐기가 일어나면서 쿠바는 붕괴될 것이라고 내다봤다. 그러나 피그만 침공은 최악의 실패로 끝났다. 72시간의 작전 끝에 114명이 사망하고 1189명이 포로로 잡혔다. 이듬해인 1962년, 다시 쿠바의 미사일 위기가 닥쳐왔다. 소련의 후르시초프가 핵탄두를 장착한 미사일 기지를 미국의 코앞인 쿠바에 설치한 것이다. 어쩌면 3차 세계대전으로 이어질 수 있는 절체절명의 위기였다.

이의 해결을 위해 15인 위원회가 설치되었다. 그러나 구성 멤버들은 피그만 침공을 논의했던 바로 그 사람들이었다. 그 회의에서는 쿠바의 해상봉쇄를 결정했고, 마침내 후르시초프의 항복을 받아내면서 케네디를 가장 위대한 대통령 중의 하나로 만들어준 계기가 되었다.

그러면 어째서 똑같은 멤버들이 한 번은 최악의 결정을, 다른 한 번은 최상의 결정을 내렸는가 하는 문제가 대두된다. 핵심은 의견수렴 방식이었다.

우선 케네디는 관료적 의사결정의 함정을 피하기 위해 참석자들의 직책을 모두 없앴다. 즉 국무부, 국방부, CIA의 대표가 아니라 국가 전체적인 입장에서 의견을 내도록 했다. 그리고 동생 로버트 케네디와 보좌관 렌슨에게는 피상적일 수 있는 논의의 함정을 피하기 위해 회의 감시자로서의 역할을 맡겼다.

다음으로는 여러 전문가를 초대하여 그들이라면 어떤 결정을 내리겠는가를 물었다. 그리고 대안에 대한 검증을 위해 구성원을 두 집단으로 나누어 찬반 토론을 벌이고 나서 다시 전체회의를 열었다.

다음으로는 대통령 자신이 빠지는 회의도 자주 열었다. 이를 지켜본 동생 로버트 케네디는 대통령이 참석하지 않는 회의가 훨씬 더 진정성 있는 회의였다고 회고했다. 이런 방식으로 집단적 사고의 함정을 피할 수 있었다. 여기서 결정된 것이 해상봉쇄였고, 이는 멋지게 들어맞았다.

집단의사결정은 리더나 실권자의 의중을 알아차리고 거기에 맞추어 결론을 내리는 경우가 많다. 리더가 없더라도 집단에서는 개성이 강한 몇 사람의 주장만 있고 나머지 참가자들은 방관자가 되기 쉽다. 그리하여 의견은 찬성과 반대 두 가지로 압축된다. 또 책임이 분산되기 때문에 무책임한 결론이 나올 가능성이 높아진다. 이런 것들이 집단의사결정의 함정이다.

이를 막기 위해서는 자유롭게 다른 사람의 의견을 비판할 수 있어야 하고 중립적인 외부 전문가를 참여시켜야 한다. 그리고 분위기에 의해 만장일치의 결론이 나오는 것을 막을 수 있는 악역을 한 명 만들라고 한다. 반대의 논리를 충분히 개발하라는 것이다.

: 집단의 광기

사람은 모일수록 단순해진다. 생각도 행동도 단순해진다. 보통 사람과 천재의 차이도 그러하다. 바보들은 일을 복잡하게 만들지만 천재는 일을 단순하게 만든다. 도산 직전의 닛산 자동차를 회생시킨 경영자 카를로스 곤이 한 말이다. 천재들은 사안의 핵심만 본다는 의미일 것이다.

코페르니쿠스가 처음 지동설을 들고 나왔을 때, 천동설을 주장하던 사람들은 "하늘의 이치가 그렇게 간단할 리가 없다."며 반박했다. 《세상은 생각보다 단순하다》를 쓴 마크 뷰캐넌은 세상 현상은 단순한 몇 개의 패턴으로 정리될 수 있다고 말한다. 신경세포나 우리가 살고 있는 세상, 인터넷 기반인 월드와이드웹(www.), 경제활동, 생태계 등이 모두 유사한 구조를 갖고 있다. 그는 주식시장처럼 다양한 요소들이 영향을 미치는 복잡계에서는 지식보다 단순한 경험이 훨씬 더 중요하다고 말한다. 주식시장에서 해박한 지식을 자랑하는 사람치고 큰돈 번 사람은 그리 많지 않다. 자신의 관심 종목을 몇 가지로 좁혀 놓고, 보고 또 보면 어떤 단순한 패턴이 보이게 된다. 패턴이 보이거든 그때 비로소 움직이기 시작하라는 말이다.

군중은 서로가 서로에게 영향을 미치기 때문에 다른 사람의 행동을 모방하는 경향이 강하다. 따라서 소수의 행동이 집단 전체의 행동으로 증폭될 가능성도 아주 높다.

사람이나 동물도 마찬가지다. 스칸디나비아 반도에는 레밍이라는 들쥐들이 살고 있다. 이들은 서식 환경이 좋아지면 빠르게 개체수를 늘려 간다. 그러다가 먹이가 부족해지면 바다 절벽을 향해 돌진하여 집단적으로 자살을 한다. 먹이가 부족해지면 일부 들쥐들이 새로운 먹잇감을 찾아 앞으로 달리기 시작한다. 그러면 다른 쥐들도 덩달아 달리기 시작한다. 뒤따르는 쥐들은 왜 달려야 하는지 알지도 못하고 그저 달리게 된다. 이들이 바다 절벽에 이르렀을 때에는 수만 마리가 뒤따르고 있어 멈추지 못하고 결국 무리 전체가 절벽 아래로 추락하고 만다. 이것이 집단으로 자살을 하는 것처럼 보인다. 집단이 되면 다른 사람의 행동을 따르는 것이 안전하다고 생각하기 때문에 맹목적으로 뒤따르는 경향이 있다.

남극 사진을 보면 펭귄들이 바닷가에 길게 늘어서 있는 장면을 쉽게 볼 수 있다. 무엇을 기다리는 것일까? 그러나 그들이 기다리는 것은 동료들의 희생이다. 펭귄은 원래 다른 대륙에 사는 새들이었으나 이곳을 왔다가 천적이 없어 그대로 눌러앉은 것이었다. 천적이 없다보니 하늘을 날 필요가 없어 날개가 퇴화되어 뒤

뚱거리는 모습으로 살아가는 것이다. 날지 못하는 대신 물고기를 잡기 위해 날개를 지느러미로 이용하게 되었다. 퇴화와 진화를 동시에 경험한 사례이다.

남극은 날씨가 춥기 때문에 펭귄들은 1년에 하나밖에 알을 낳지 않는다. 짝짓기 철도 동일하다. 추운 겨울 짝짓기 철이 되면 이들은 '오모크'라는 은밀한 장소로 이동하여 잡단으로 짝짓기를 한다. 알을 낳고 부화시켜 여름철에 자연으로 돌려보내기 위함이다. 암컷이 알을 낳으면 수컷은 알을 받아서 발 위에 올려놓고 알을 품는다. 알이 얼음에 닿으면 얼어서 터지기 때문이다. 그동안 암컷은 먹이를 구하러 바닷가로 나간다. 그러나 바다 속에는 바다사자가 이들을 기다리고 있다. 그래서 이들은 바닷가에서 길게 줄을 지어 늘어서 있는 것이다. 그러다가 배고픔을 참지 못해 어느 한 마리가 먼저 바다로 뛰어들면 눈치를 보고 있던 다른 펭귄들이 줄지어 뛰어든다.

그러나 처음 뛰어든 펭귄은 대부분 바다사자의 먹이가 되고 만다. 세상의 이치도 마찬가지다. 위험과 이득이 함께 있을 때, 누군가 먼저 움직이면 너도나도 뒤따르는 것이 집단의 특성이다. 유행이 그러하고 주식시장이 그러하다. 이것을 펭귄효과라고 부른다. 외국 관광객들은 대부분 줄지어 이동한다. 쇼핑센터에 들어서도 이들은 서로가 눈치를 본다. 그러던 중 어느 한 사람이 먼저 지갑을 열면 너도나도 뒤따르는 것이 관광객들이다. 위험을 먼저 감수하지 않으려는 산법이다.

사람은 집단을 이루면 개인은 집단이라는 익명성 속에서, 숨어 있던 폭력적 본성이 노출되는 경우가 많다. 특히 이들에게 '완장'을 두르게 하면 더욱 광폭해진다.

히틀러의 유겐트나 모택동의 홍위병들이 그러했다. 중국을 통일한 모택동은 10년 안에 미국을 따라잡겠다는 야심찬 계획으로 집단농장을 만들어 농업 생산성을 획기적으로 늘리고 이를 바탕으로 공업화로 나아간다는 계획을 수립했다. 이렇게 하여 시작된 것이 1958년의 대약진운동이었다.

그러나 이는 농촌의 현실을 고려하지 않은 것이어서 인민들에게 비참한 결과만 가져다주었다. 오히려 심한 가뭄까지 겹치면서 대약진운동 3년 동안에 무려 4천만 명의 인민들이 굶어 죽는 결과로 나타났다. 대약진운동의 실패로 모택동은 유소기, 주은래, 등소평 등에 밀려 국가 주석직에서 물러나야 했다.

여기서 모택동은 반전의 카드로 문화혁명을 시작했다. 자신의 권위에 도전하는 자들을 제거하기 위한 음모였다. 이 혁명은 1966년 가을부터 10년 동안 진행되었다. 혁명의 발단은 모택동의 처 강청의 수하였던 급진적인 이론가 요문원으로 하여금 모택동의 대약진운동에 직간접적으로 비판적이었던 세력들을 격렬하게 비난하게 함으로써 문화혁명의 첫 포문을 열었다.

고수는 자기 손에 피를 묻히지 않는 법이다. 모택동은 9~18세 소년들을 홍위병으로 조직하여 이들로 하여금 반대 세력들을 잡아들이기 시작했다. 이들은 완장을 차고 거리를 휩쓸고 다니면서 관리, 부자, 지식인 냄새를 풍기는 자들을 잡아들여 구타하고 심문했다. 이들에게 맞아죽는 일도 허다했다.

반대 세력으로 지목된 유소기는 고문으로 죽었고, 등소평의 아들은 4층 건물에서 떨어져 평생 불구의 몸으로 살아야 했다. 이를 책략에서 보면 차도살인借刀殺人에 해당된다. 자신의 손에는 피 한 방울 묻히지 않고 남의 칼로 미운 놈을 제거하는 계책이다.

삼국지에서 공자의 제자 자공이 노나라를 돕기 위해 쓴 책략도 차도살인이었다. 자공은 제나라와 오나라를 서로 싸우게 하고, 다시 진나라로 하여금 오와 싸우도록 했다. 그러자 힘이 다한 오나라는 격파당하고, 제나라는 혼란에 빠졌으며, 진나라는 강국이 되어 노나라의 후견국으로 만들었다는 이야기이다. 미운 적을 제거하면서도 자기 손에는 피 한 방울 묻히지 않은 계책이다.

모택동이 이의 달인이었다. 중국 문제에 밝은 학자들은 홍위병의 잔학성을 히틀러의 나치 친위대, 아르헨티나의 파시스트, 스탈린의 비밀경찰을 훨씬 능가한다고 기록하고 있다. '홍위병'이라는 가면 뒤에 숨으면 잠재의식에 숨어 있던 잔혹성이 표출된다는 것이다. 이것이 익명성 뒤에 숨은 집단의 광기였다. 홍위병의 위력이 증폭을 거듭하여 나중에는 모택동 자신도 통제하기가 어려워졌다. 그러자 모택동은 인민해방군을 동원하여 홍위병을 해산하고 1천만 명에 이르던 홍위병들을 모두 농촌으로 내쫓았다.

역설적이게도 모택동이 망가뜨린 중국을 회복시킨 것은 등소평이었다. 그는 참으로 오뚝이 같은 정치인으로 문화혁명의 와중에도 끈질기게 살아남아 권력을 잡았다. "검은 고양이든 흰 고양이든 쥐를 잘 잡는 고양이가 좋은 고양이다."라는 그의 유명한 '흑묘백묘론黑猫白猫論'에 따라 시장원리와 자본주의 제도를 도입하여 모택동으로 인해 초토가 된 중국을 다시 살렸다. 무엇보다도 인민들을 배불리 먹을 수 있게 했다. 등소평은 오늘의 중국을 있게 한 영웅인 셈이다.

• 세상 읽기 시크릿 05 •

성장과 몰락의 패턴

: 성장 패턴

생명을 가진 유기체든, 유기적인 조직이든 성장과 몰락에는 패턴이 있다. 성장곡선은 멋쟁이 아가씨들의 하이힐 혹은 어린이 놀이터의 미끄럼틀 모양을 그린다. 그리고 몰락은 멈칫멈칫 포물선을 그리면서 낙엽이 떨어지는 모습으로 몰락한다.

국가의 경제개발은 보통 2단계 도약기를 거친다. 1단계는 농촌의 유휴 인력을 흡수하여 값싼 노동력으로 가격 경쟁력을 갖춘 상품을 만들어 수출로 시작된다. 그러나 이것만으로는 곧 한계를 맞는다. 임금과 복지에 대한 요구가 커지기 때문이다. 이 시기를 변곡점 혹은 루이스 함정이라고 부른다. 노벨 경제학상 수상자 아서 루이스가 이 이론을 제창한데서 그의 이름을 딴 것이다.

루이스 함정은 농촌 인구와 도시 인구의 비율이 거의 같아지는 시점에서 맞게 된다. 많은 개발도상국들이 선진국 문턱에서 좌절하는 이유도 이 함정에 걸려들었기 때문이다. 아일랜드나 아르헨티나가 그러했다. 지금 중국이 막 루이스 함정에 접근하고 있다. 임금과 복지에 대한 요구가 가파르게 커지고 있어 더 이상 저임금으로 경쟁을 할 수 없게 되었다는 의미이다.

2단계 도약은 첨단 기술력과 상품의 경쟁력이 뒷받침되어야 가능하다. 기술이 한계에 이르렀을 즈음이면 복지나 조직은 이미 비대해진 상태지만 새로운 성장 동력을 찾기가 힘들어진다. 여기서 서서히 몰락이 시작된다. 독일을 제외한 유럽 국가들이 이 시점에 와 있다.

한국의 박정희, 필리핀의 마르코스, 싱가포르의 리콴유, 대만의 장제스 이 네 사람의 공통점은 무엇일까?

모두 장기 독재를 했다는 점이다.

그럼 다른 점은?

마르코스는 나라를 망쳤고 나머지 세 사람은 개발독재를 통해 경제를 일으켰다. 필리핀은 한때는 우리나라를 훨씬 능가하는 부국이었다. 한국전쟁 당시 참전을 했고 전후의 복구과정에서 우리를 지원한 것도 필리핀이었다. 광화문에 있는 문화관광부 건물, 미 대사관 건물, 장충체육관 건물을 지은 것도 필리핀 기술자들이었다. 당시 필리핀은 일본 다음으로 부유한 나라였다.

싱가포르는 말레이시아 끝자락에 위치한 나라로 1965년에 말레이시아 연방으로부터 독립했다. 서울보다 조금 큰 땅에 자원이라고는 아무것도 없는 나라였다. 심지어 마시는 물도 말레이시아에 있는 호수에서 거대한 파이프를 통해 공급받아야 한다(물론 독립되기 이전에는 공짜로 물을 가져왔지만 이제는 돈을 주고 사와야 한다). 그래서 물을 국가 전략적 차원에서 관리하고 있다. 처음 독립했을 당시 싱가포르 여성들은 필리핀으로 식모살이를 가서 돈을 벌어 가족을 먹여 살리는 것이 꿈이었다. 1960년대 당시 박정희 대통령이 아시아 순방길에 필리핀 방문을 타진했지만 거절 당했다. 별 볼일 없는 나라의 대통령을 만날 필요가 없다고 생각했던 것이다.

개발도상국들이 성장하는 과정은 크게 두 가지로 나누어진다. 균형성장과 불균형성장이다. 개발도상국들은 재원이 없다. 이 부족한 재원을 상호 보완적인 분야에 고르게 투자하여 서로가 수요자가 되고 공급자가 되어 발전해가야 한다는 것이 균형성장 이론이다. 넉시가 주장하였다.

이에 비해 불균형성장 이론은 허쉬만이 주장했다. 그렇지 않아도 부족한 재원을 여러 분야로 나누다 보면 어느 한 부분도 제대로 성장시킬 수가 없다. 그래서 중요한 어느 한 분야를 집중적으로 육성하면 이것이 파급효과를 일으켜 다른 분야로 확산된다는 이론이다. 균형성장 이론으로 성공한 사례가 대만이며, 불균형성장 이론으로 성공한 사례가 우리나라이다.

균형성장 이론에서는 중소기업 위주가 되어야 한다. 부족한 재원을 여러 분야로 나누려니 작은 규모가 될 수밖에 없다. 대표적인 사례가 대만이다. 그래서 대만에는 수많은 중소기업들이 나름대로 탄탄한 경쟁력을 가지고 있다. 거의 가족기업 형태가 많다. 반면 불균형성장 전략을 채택한 한국은 중공업, 철강, 전자 등 재원이 많이 드는 분야에 집중적으로 투자했다. 그 결과 국제적인 경쟁력을 갖춘 대기업들이 속속 출현하게 되었다.

그러나 어느 경우든 장점과 단점을 가지고 있다. 중소기업 위주의 구조는 금융위기에 강하지만 국제적인 경쟁력을 갖추기에는 역부족이다. 우리나라와 같이 대기업 위주의 구조는 국제적인 경쟁력을 갖추기에 적합한 반면 국제적인 금융위기에 취약할 수 있다. 지금 우리나라는 대만을 배우고 있고, 대만은 우리나라를 배우고 있는 중이다.

2차 세계대전 이후에 독립한 나라로 경제성장과 민주화를 동시에 이룩한 나라는 한국밖에 없다. 더구나 이는 북한이라는 세계에서 가장 호전적인 집단을 머리에 이고서 이룩한 것이기에 더욱 값지다. 하지만 급속한 발전으로 인한 후유증, 부작용이 없는 것은 아니다. 북한이라는 특수한 상황과 함께 이 성장 후유증을 잘 다스리는 솔로몬의 지혜가 무엇보다 필요한 때이다.

도시개발이나 부동산시장도 패턴이 있다. 뉴욕 시를 예로보자. 초기의 뉴욕은 항구도시였다. 그러다 보니 의류나 면직물을 만드는 아파트형 공장들이 많이 들어섰다. 수출하기에 편한 입지였기 때문이다. 그러다가 2차산업이 쇠퇴하고 3차산업이 주류를 이루자, 이 공장들은 버려진 공간이 되었다. 이른바 슬럼화였다. 이의 대책을 고심하던 뉴욕 시는 아주 저렴한 임대료로 소호 예술가나 건축설계사들에게 임대해주었다. 화가나 건축설계사들은 모두 넓은 공간이 필요한 사람들이다. 그림 작업이나 건축 도면을 만들어야 하기 때문이다. 예술가들이 모여들자 은행가들이 모여들었다. 무명화가의 그림을 사두었다가 유명해지면 큰돈을 벌기 위함이었다. 버나드쇼의 말대로 예술가들은 돈 이야기를 하고 은행가들은 그림 이야기를 하기 위해서였다. 그리고 나서 10년, 20년이 지나면 상가가 형성되고 차츰 임대료가 오른다. 그러면 가난한 예술가와 건축설계사들은 더 싼 곳으로 옮겨간다.

우리나라로 보면 홍대 앞이 뉴욕의 경우와 꼭 닮은꼴이다. 홍대 앞의 부동산 가격은 30년 전에 비해 수십 배가 올랐다. 장기적으로 투자를 하려면 예술가들이 모이는 곳을 유심히 보라는 말이다.

: 경기순환 패턴

사회 현상 중 가장 예측하기 어려운 것이 주가나 경기예측일 것이다. 주식시장의 오르내림을 패턴으로 정리한 사람이 엘리어트였다. 그는 중세의 수학자 피보나치의 수열을 이용하여 황금비율을 근간으로 하는 자신의 이론을 발표하였다. 이의 핵심은 주식시장은 상승 5파와 하락 2파가 끊임없이 순환하는 과정으로 파악하고 있다. 이때 오르고 내리는 폭이 황금비율에 근접한다는 주장이다. 황금비율은 앞뒤 숫자의 비율이 1:1.618인 수열이다.

그러나 이렇게 가정해보자. 엘리어트의 파동 이론은 모두에게 공개된 이론이다. 만약 모든 사람들이 그의 이론대로 투자를 한다면 어떤 일이 벌어질까? 엘리어트의 파동은 일그러지게 된다. 만약 절대로 틀리지 않는 예언자가 내일의 주가를 예측했다고 하자. 그가 예측을 내놓는 순간, 예측된 주가 역시 일그러지게 된다. 쉽게 풀자면 주식시장뿐 아니라 세상의 모든 현상들을 큰 줄기만 볼 때, 5단계를 거치면서 증폭되고 2단계를 거치면서 회절된다고 보면 맞을 듯하다.

이번에는 경기예측을 보자. 19세기 중반까지 사람들은 자본주의 경제는 성장과 번영이 계속되는 상태가 정상이고 불황이나 공황은 예외적인 것으로 생각했다. 당시까지만 해도 자본주의 경제가 승승장구했기 때문이었다. 그러나 프랑스의 물리학자 클레앙 주글러가 물리학적인 관점에서 자본주의 경제는 주기적인 변동을 피할 수 없고 오히려 그것이 정상이라고 진단했다. 자본주의 경제는 복잡계 이론과 같이 다양한 요인들이 복합적으로 관여하여 주기적으로 불황이 올 수밖에 없다는 주장이었다. 그네가 앞뒤로 움직이는 것과 같은 이치다.

그후 학자들은 8~10년을 주기로 불황-회복-호황-후퇴의 사이클로 경기가 순환된다는 것을 밝혔고, 큰 주기 안에도 여러 번의 작은 주기가 있다는 것을 확인했다. 가장 짧은 주기가 40개월이었다. 40개월은 대략 기업의 재고 수준 변화와 일치한다. 농산물 중에서도 면화는 대략 2년을 주기로 오르내리고, 축산물 가격은 3~4년을 주기로 폭락과 폭등을 반복한다.

소련의 경제학자 콘드라티에프는 50~60년의 장기 사이클을 제시했다. 공산권 경제학자로서는 유일하게 경제학 교과서에 이름을 올린 인물이다. 그에 의하면 경기는 50~60년의 큰 주기 안에 3~4년 단기순환주기, 7~12년 주순환주기, 14~20년 중기순환주기, 40~70년 장기순환주기가 있다. 이를 파동 이론으로 설명하자면 경기는 주기가 서로 다른 파동들이 만나 증폭되거나 회절되면서 경기변동으로 이어진다는 것이다.

콘트라티에프는 비록 경제학 교과서에 이름은 올렸지만, 시장경제를 연구하고 부농 육성을 주장했다는 등의 이유로 스탈린의 미움을 샀다. 그가 결정적으로 지은 죄는 자본주의는 경기순환과 불황을 피할 수는 없지만, 그래도 몰락으로 가지 않고 다시 살아나리라는 예측 때문에 감옥으로 가야 했다. 감옥에서도 연구를 게을리하지 않았던 그였지만 결국 형장의 이슬로 사라지고 말았다. 그러고 나서 죽은 지 49년 만인 1987년에야 복권된 비운의 경제학자였다. 만약 그가 자본주의의 몰락을 예언했더라면 그는 경제 장관 자리는 따 놓은 당상이었을 텐데 말이다.

그의 사후에 창조적 파괴를 통해 자본주의가 발전한다는 창조적 파괴 이론의 주창자 슘페터는 산업혁명(1771년), 증기기관(1829년), 철강·전기·중공업(1875년), 석유·자동차(1908년), 정보통신(1971년) 등의 신기술이 산업에 접목되는 기간과 콘그라티에프가 예측한 주기가 거의 일치함을 밝혀냈다.

이러한 순환주기의 특징은 피드백 현상과 궤를 같이 한다. 경기가 일단 어느 한 방향으로 움직이기 시작하면 증폭되었다가 내부의 에너지를 모두 소진하고 나면 불황으로 이어졌다가 다시 반등이 시작된다. 호황이 피크에 이르면 후퇴기~침체기를 거쳐 불황으로 이어지고, 다시 불황의 바닥을 다지고 나면 회복기로 들어선다. 앞뒤로 움직이는 물레방아와 같은 이치이다.

: 기업의 변신과 몰락

성공한 기업이 몰락하는 패턴은 크게 두 가지다. 성공에 안주하거나 과욕을 부리는 경우이다. 전자는 좋게 말하면 한 우물 파기고 나쁘게 말하면 성공에 안주한 경우이다. 후자는 좋게 말하면 다각화이고 나쁘게 말하면 탐욕이다. 어느 경우든 안주하는 기업이나 절제하지 못하는 기업은 몰락한다. 안주와 절제, 이 두 단어는 흡사한 것 같지만 미묘한 뉘앙스 차이가 난다. 시장과 소비자는 광속으로 변하고 있는데 한 우물만 고집하다가는 존립의 터전마저 사라지기 십상이다.

일단 기술 분야의 기업은 한 우물 파기가 불가능하다. 산업사회 300년의 역사 동안 한 분야에서 하나의 기술이 30년 이상 독주한 사례가 없다. 근래에 들어서는 기술의 발전 속도가 더 빨라지면서 2~3년이 멀다 하고 새로운 기술이 나타난다. 기술 분야의 업종은 언제든 후발에 의해 추월당할 수 있다.

이것이 기술기업의 한계이다. 따라서 한 우물을 고집할 수 있으려면 비기술 분야, 기술이 평준화된 분야여야 가능하다. 거기서 기술 대신 노하우, 소비자의 신뢰를 받을 수 있는 브랜드를 키우라는 것이다.

우선 한 우물을 고집하면서도 장수하는 기업들을 보자. 대부분 일상적인 분야의 기업들이었다. 유럽의 명품 브랜드나 일본에서 많이 발견되는 노포老鋪 가게들이다. 노포란 오랜 역사를 가지고 있는 전통과 신용을 생명으로 하는 소규모 기업을 가리키는 말이다. 일본에는 100년이 넘는 노포가 1만 5천 곳 정도가 있다. 이런 가게들 중에는 1평 매장에서 연간 40억 원의 매출을 올리는 곳도 있다.

일본 도쿄의 유명한 양갱전문점 '오자사'의 사례이다. 여기서는 양갱과 모나카 두 종류만 취급한다. 하루에 만드는 양갱의 숫자는 딱 150개, 그 이상은 만들지 않는다. 이것을 사려고 사람들이 새벽부터 줄을 잇는다. 도쿄에는 종업원 900명에 연간 3,500억 원의 매출을 올리는 떡집 토라야도 있다. 파리에도 지점을 둘 정도의 규모이다.

프랑스의 와인 제조회사 사토 굴렝은 1000년, 독일의 호텔기업 필그림은 700년, 영국의 모직회사 존 블록은 470년, 네덜란드의 비누회사 데베르굴한트는 460년의 역사를 가지고 있다. 그외 유럽의 명품 기업들이 거의 수백 년의 역사를 가지고 있다. 중국에는 우황청심환의 원조인 명인당이 340년의 역사로 최장수기업이다.

세계에서 가장 장수했던 기업은 사찰과 문화재 보수를 전문으로 하던 일본의 곤고구미 건설이었다. 이 회사는 쇼토쿠대자聖德太子가 시텐노지 사찰四天王寺을 지을 때, 일본으로 건너갔던 백제인 기술자 유중광(곤고 시게마쓰)이 세운 가족기업이었다. 40대, 1400년 동안 그의 자손들에 의해서 운영되던 기업으로 사찰 및 문화재 보수 분야에서는 일본 최고의 기업이었다.

장수기업이 유의해야 할 또 하나의 조건은 '절제'이다. 곤고구미 역시 욕심을 내다가 몰락한 사례이다. 유중광의 40대 후손이 사찰과 문화재 보수만으로는 성이 차지 않았던지 본격적인 건설회사로 발돋움하기 위해 변신을 시도하다가 모기업마저 무너진 사례이다. 곤고구미는 2006년에 다카마쓰 건설에 양도되면서 역사 속으로 사라졌다.

여기서 조선조 최고의 부자였던 경주 최부자의 사례를 보자. 최부자는 300년 동안 부를 누린 가문으로 일제시대까지 존속했었다. 최부자는 자손들에게 유언을 남겼다. 진사 이상의 벼슬을 하지 말 것, 1만 석 이상은 거두지 말 것, 흉년에는 땅을 사지 말 것 등이었다. 진사 이상의 벼슬을 하면 당시로서는 당파싸움에 휘말리지 않을 수 없었을 것이고, 그것은 곧 집안이 몰락할 수도 있는 사안이었다. 좀 더 중요한 것은 1만 석 이상은 거두지 말라고 한 유언이다. 전범의 전범이 되는 사례이다.

다음으로 기술 분야의 한 우물을 보자. 기술 분야에서 한 우물은 일시적으로는 몰라도 장기적으로는 불가능하다. 아날로그 필름 시장에는 삼총사가 있었다. 아그파, 코닥, 후지였다. 아그파는 흑백필름, 컬러필름을 가장 먼저 개발한 기업이었다. 코닥은 필름에서는 후발이었지만 세계 필름시장을 석권한 기업이었다.

후지는 후발이었음에도 2위까지 추격했던 일본 기업이었다. 이 시장의 기술적인 흐름이 아날로그에서 디지털로 바뀌자 일거에 무너진 사례들이다. 이처럼 기술에 의존하는 기업은 절대 장수하지 못한다.

특히 코닥은 디지털 기술을 가장 먼저 개발해놓고도 아날로그 필름에서 들어오는 짤짤한 수익에 미련을 두다가 간판을 내린 사례여서 안타깝다. 성공에 안주한 것이다. 경영학자들은 이것을 '승자의 저주'라고 표현한다. 그래서 장수기업이 되기 위해서는 필히 비기술 분야여야 한다는 것이다.

아그파, 코닥은 간판을 내렸고 후지는 변신을 거듭하여 살아남았다. 후지의 변신이 재미있다. 후지는 아날로그 필름에서 벗어나 화장품 분야로 영역을 넓혀가고 있다. 필름 기업이 생뚱맞게도 무슨 화장품이냐 하겠지만 말이 되는 이야기이다. 필름과 여성 피부의 공통점은 외부 자극에 아주 민감하다는 것이다. 그 필름을 만들던 노하우를 가지고 여성 화장품을 만든다는 것이다. 앞으로 관심을 가지고 지켜볼 일이다.

기술 분야의 기업들은 변신을 하지 않을 수 없다. 그러나 변신의 성공률은 그리 높지 않다. 변신에 실패하면 초라한 몰락을 맞아야 한다.

일본의 사례를 보자. 근래 일본에서 변신에 실패한 대표적인 기업이 소니이다. 전성기 시절의 소니는 워크맨, 대형TV, 캠코더 등의 분야에서 세계적인 경쟁력을 갖추고 있었던 기업으로 일본을 상징하는 기업이었다. 지금도 우리나라 웬만한 방송국의 카메라는 모두 소니 제품일 것이다. 아마도 10년 전만 해도 이런 소니의 몰락을 예견하는 사람은 아무도 없었다.

소니의 워크맨은 20세기 후반의 최고 상품이었다. 미국 영화에서도 워크맨을 허리에 차고 헤드폰을 쓰고 조깅하는 장면이 하나의 문화로 자리 잡을 정도였다. 상품이 문화로 자리 잡는다는 것은 정상을 정복한 이상으로 평가된다. 예를 들면 마케팅을 하는 사람들에게는 자신이 관리하는 브랜드가 드라마에서 상품군의 대명사로 불리는 것이 최고의 영광이다. 예를 들면 TV 드라마 같은 곳에서 자사의 브랜드가 일반 상품명으로 등장하는 경우이다. 소니의 워크맨이 그러했다.

그러나 기반 기술이 디지털로 바뀌면서 워크맨은 디지털 음원을 기반으로 하는 MP3에 빼앗겼고 TV, 전자제품은 한국 기업들에게 빼앗기면서 몰락하고 있다. 소니의 몰락 요인은 피상적으로 보면 디지털 트렌드에 맞추지 못한 것이었지만 좀 더 근본적인 요인은 '탈전자'가 원인이었다. 소니의 탈전자 전략은 오가 노리오 회장 시절부터 추진되었다.

당시만 해도 세계의 전자시장을 석권했다고 믿었던 소니의 오가 노리오 회장은 전자시장은 더 이상 큰 시장이 없다고 판단하여 탈전자를 선언한다. 그리고는 소니의 정체성을 '전자기술과 예술의 만남'으로 다시 정의했다. 당시 소니 직원들이 가장 금기시하는 단어가 '전자'였다. 그런 분위기다 보니 핵심기술자들은 하나둘 회사를 떠났고 기업 분위기도 완전히 달라졌다.

여기서 짚고 넘어가야 할 것은 오가 노리오 회장의 출신이었다. 그는 전자의 '전'자도 모르는 오페라 가수 출신이다. 전자회사에 오페라 가수가 회장이라니? 도저히 어울리지 않는 궁합이다. 그는 동경음악 대학을 수석으로 졸업하고 독일로 유학을 한 정통 성악 가수였다. 세계적인 지휘자 카라얀과도 친분이 두터웠으며 그의 임종을 지킨 것도 오가 노리오 회장이었다.

그가 소니와 인연을 맺게 된 계기는 소니에서 만든 오디오의 품질 문제였다. 음악도이던 그는 소니 오디오의 품질에 문제가 있다며 시정을 건의했다. 당시의 모리타 회장은 그의 해박한 지식에 매료되었고, 오페라 가수가 되려던 그를 소니로 데리고 와서 키우고 회장 자리까지 물려주었다. 그것만 보면 참 아름다운 인연이다.

오가 노리오가 회장이 되자, 회사 분위기는 당연히 예술적으로 변해갔다. 거기서 개발된 상품이 CD였다. CD 자체야 획기적인 상품이었다. 그리고 미국의 콜롬비아 영화사를 인수한 것도 예술 기업으로 탈바꿈하기 위한 조치의 일환이었다. 그러나 다가오는 디지털의 검은 그림자를 예상하지 못했다. 다음 회장이 등장하여 사태를 수습하려 했지만, 이미 핵심기술자들은 회사를 떠난 다음이었다. 그 빈자리를 모두 한국 기업들이 차지하게 된 것이다.

IBM도 거의 비슷한 위기를 맞았지만 다시 회생한 경우이다. 대형컴퓨터 시장에 안주하다가 PC군단에 시장을 거의 다 빼앗기고 몰락 직전까지 갔다가, 루 거스너 회장이 CEO로 들어서면서 컴퓨터라는 기계를 파는 기업이 아닌 서비스 기업으로 다시 태어난 것이다.

그러나 기술을 바탕으로 하는 기업은 기술의 패러다임이 바뀌면 언제든 몰락할 수 있다는 점을 명심해야 한다. 우리나라의 삼성전자 역시 전형적인 기술 위주의 기업이다. 지금 이런 예언을 하는 것 자체가 발칙하게 들리겠지만 하나의 기술에만 의존하는 한 몰락은 피할 수 없는 운명이다.

이를 피하는 방법은 두 가지다. 하나는 기술을 다각화시키는 것이고, 다른 하나는 브랜드를 키우는 것이다. 삼성이 반도체 산업에서 절정을 달릴 때, 이건희 회장은 TV와 휴대폰으로 또 다른 성장 엔진을 점화시켰다. 다각화였다. 또 반도체는 중간 단계의 제품일 뿐 브랜드가 아니다. 그래서 소비제품인 TV와 휴대폰에 승부수를 던진 것이다. 한 연구에 의하면 애니콜의 브랜드 가치는 5~6조 원에 이른다고 한다. 기술이 경쟁하는 단계에서는 기술을 가진 자가 이기지만, 기술이 평준화되면 좋은 브랜드를 가진 자가 이기게 된다. 이것이 시장의 법칙이다.

일단 변신에는 성공했으나 2단계 변신에 실패한 기업으로는 핀란드 기업 노키아가 있다. 노키아는 1990년대 초반까지만 해도 제지, 고무, 케이블TV 등 여러 분야에 손을 뻗었던 일종의 문어발 기업이었다. 여기에 울라라 회장이 취임하면서 주요 사업들을 정리하고서 '휴대폰'에 전력을 집중시켰다. 그 결과 빠르게 성장하는 휴대폰 시장에서 한동안 정상의 자리를 유지할 수 있었다.

2003년 삼성 이건희 회장은 임원진을 이끌고 핀란드를 방문했다. 바로 노키아를 배우기 위해서였다. 거기서 이건희 회장은 노키아의 역동성과 잠재력에 깊은 감동을 받았다. 그리고 정확히 10년 만에 노키아는 추락하고 말았다. 시장과 소비자의 기호가 스마트폰으로 옮겨가자, 이에 발 빠르게 대처하지 못하고 몰락한 경우이다.

 이제 노키아는 헬싱키에 있는 본사마저 매각하고, 유럽에 산재해있던 공장의 문을 닫았으며, 전체 종업원의 20%에 달하는 1만 명을 해고하기에 이르렀다.

 GE 역시 변신에 성공한 기업이다. 발명왕 에디슨이 세운 것으로 알려진 GE는 100년이 넘는 세월 동안 돈이 된다 싶으면 어느 분야든 뛰어든 미국판 문어발 기업이었다. 하다못해 전기다리미부터 항공 분야까지 다양하게 얽혀 있었다. 그러다 보니 조직은 비대해진 대신 어느 한 분야에 집중하지 못하고 전 분야에서 경쟁력이 떨어지고 있었다. 이때 등장한 잭 웰치 회장이 대대적인 구조조정을 하면서 다시 살아남은 경우이다. 당시 잭 웰치 회장의 별명이 중성자탄이었다. 무수히 많은 직원을 쫓아냈기 때문이다.

 기술 분야의 기업들은 변신을 하지 못하면 더 빨리 몰락한다. 10여 년 전만 해도 난공불락으로 여겨지던 마이크로소프트 같은 경우도 알게 모르게 이런 저런 잡음이 들려온다. 몇몇 분야에서 후발 기업들에게 추월당하는 사례도 나타났다. 마이크로소프트의 최고경영자인 스티브 발머는 2012년 포춘 지가 선정한 '최악의 CEO' 1위로 선정되는 불명예를 안았다.

하버드 대학 시절 빌 게이츠와 절친한 포커 친구였던 발머는 그 인연으로 2000년에 CEO로 임명되었지만, 그는 IT산업의 무게 추가 PC에서 스마트폰으로 급격하게 이동하고 있는 변화를 제대로 인식하지 못했다. 10년 전 취임 당시 주당 60달러였던 주가는 2년 만인 2002년 1/3로 떨어졌다가 지금은 조금 올랐지만 여전히 반 토막 수준이다. 태블릿이나 스마트폰 등에 제대로 대처하지 못해 후퇴하고 있는 경우이다. 마이크로소프트의 한 책임자는 이제 마이크로소프트는 PC가 IT세상의 핵심이던 시대는 지났다며 이제 엔터테인먼트 기업으로 거듭날 것이라고 말하고 있다. 이의 변신이 어떤 형태로 어떤 결과를 낳을 것인지 관심 있게 지켜볼 일이다.

기업의 변신을 소라껍질 이론에 비유하는 사람도 있다. 바닷가에 사는 소라게는 천적을 피하기 위해 소라껍질 속에 몸을 숨기고 산다. 그러나 한 철이 지나면 커진 몸집 때문에 더 넓은 곳으로 이사를 가야 한다. 이때가 기업으로 치면 변신기에 해당된다. 이때가 가장 위험하다. 소라게를 먹이로 하는 새들은 이들의 이사철을 알고 있기에 이들을 노리고 있기 때문이다.

매미도 마찬가지다. 가장 위험한 시기가 허물을 벗고 있을 때다. 새들에게는 막 허물을 벗은 말랑말랑한 상태의 매미가 가장 좋은 먹잇감이기 때문이다. 그래서 어느 경우든 변신할 때가 위험한 것이다.

제법 잘나가던 중견 기업이 한동안 소식이 뜸하다 싶어 내막을 알고 보면 신규사업에 과도한 투자를 했다가 자금난으로 주저앉았다는 소식이 들려온다.

마지막으로 절제의 미덕이다. 짧은 순간에 중국 최고의 부자로 떠올랐던 '선텍파워'의 스정룽을 보자. 태양광 발전으로 세계를 제패하겠다는 야심으로 출발한 그의 꿈은 중국 정부의 정책과 맞아떨어지면서 광속으로 성장했다. 미국 나스닥에 중국 기업으로서는 최초로 상장하는 기록을 세우기도 했다. 빌 게이츠 이후 최고의 부자가 될 사람이라는 찬사도 받았다. 정부도 적극적인 지원에 나섰다. 생산능력을 2년 사이에 2배로 늘리기도 했다. 그러자 창고에는 재고가 쌓이기 시작했고, 주가는 80달러에서 0.42달러로 추락하면서 회사는 부도가 났다.

선텍파워의 경우는 성장이 너무 빨라서 미처 뒤를 돌아볼 여유조차 없었고, 불황에 대한 대비가 전혀 없었던 것이 문제였다. 정상에 안주해서도 안 되지만 절제하지 못한 탐욕도 문제였다.

: 수명과 성장의 속도

생명체들에게서 수명과 성장 속도는 반비례관계에 있다. 조숙한 동물들은 수명도 그만큼 짧다. 말의 수명은 대략 25년 정도다. 5~12살 정도가 말로서는 청년기에 해당된다. 20년이 넘으면 노년기에 해당된다. 말은 태어난 지 몇 시간 만에 걸을 수 있다. 사람의 경우 보통 20살이 넘어야 성장이 완료되지만 15~16세에 성숙이 끝나면 4~5년 정도 수명을 앞당기게 된다고 한다. 수명이 짧은 동물들은 수명을 다하기 전에 2세를 낳고 길러야 하기 때문에 성장과 수명이 반비례관계에 있는 게 아닐까 생각된다.

이는 제국이나 국가도 마찬가지일 듯하다. 단기간에 제국을 건설한 몽골이나 마케도니아는 수명이 짧았고, 오랜 세월 동안에 제국을 이룩한 로마는 천 년이 넘도록 지속되었다. 그래서 로마는 하루아침에 이루어지지 않았다는 말이 생겨난 것이다.

최근의 사례로 두바이를 보자. 한때 두바이는 상상력의 한계라고 불릴 정도로 세인들의 칭송을 받았다. 다른 중동 국가들이 석유를 팔면서 안주하고 있을 때, 두바이의 지도자 셰이크 모하메드는 언젠가 석유가 고갈될 때를 대비하여 1980년대부터 변신을 꿈꾸었다. 전략의 핵심은 허브 전략이었다. 사막 위에다 7성 호텔을 짓고, 골프장과 스키장을 건설하고, 하늘을 찌르는 고층 빌딩과 세계 최대의 쇼핑몰을 짓고, 바다 위에 인공 섬을 조성하여 세계의 금융, 관광, 물류, IT허브로 도약하겠다는 야심으로 출발한 두바이였다.

두바이의 이러한 변신은 처음에는 세인의 침이 마를 정도의 성공을 거두었다. 2003년 이후 고유가 덕분에 투자처를 찾지 못하던 오일머니가 고수익 처를 찾아 두바이로 유입되면서 두바이의 성장은 놀라울 정도로 빨랐다. 2006년에는 37%라는 경이적인 성장률을 기록하기도 했다.

두바이의 성공은 경제학자들로 하여금 수여가 공급을 창출하는 게 아니라 공급이 수요를 창출하는 사례의 전형으로 떠올랐을 정도였다. 그 당시 세계 각국의 정치인, 경제인들이 두바이를 가보지 않고는 화제가 궁할 정도였다. 우리나라 정치인이나 기업인은 물론이었다. 세계의 주요 언론은 연일 두바이 특집을 실었으며 사막의 기적이라고 극찬했다.

전성기 당시의 두바이는 인구 120만 명에 외국 방문객이 연간 1천만 명에 이를 정도였다. 그러던 것이 2008년 미국발 금융위기를 맞으면서 두바이는 빠르게 가라앉기 시작했다. 외부 자금의 유입이 끊어지자 공사대금과 이자 상환이 어려워졌고, 마침내 디폴트를 선언했다.

외부 자금이 끊임없이 유입되어야만 유지될 수 있는 성장 전략은 마치 다단계 판매와 흡사해서, 고리 하나가 끊어지면 고리 전체가 위기에 빠지는 구조이다. 이런 구조는 짧은 순간은 몰라도 장기적으로 유지될 수는 없다.

두바이의 몰락을 아직은 단정하기 어렵다. 관광 인프라가 좋고 탄탄한 물류 시설에다 다른 중동 국가들과는 달리 개방적인 두바이의 문화가 재기의 희망으로 남아있기 때문이다.

마천루 지수라는 말이 있다. 마천루란 초대형 고층 빌딩을 가리키는 말이다. 1939년에 독일은행 연구원이었던 엔드류 로렌츠가 처음 도입한 개념인 '마천루 지수'는 초고층 빌딩을 지으면 위기가 온다는 내용이다.

예를 들면 미국에서 맨해튼에 싱어 빌딩을 지을 때 첫 금융공황이 일어났고, 엠파이어스테이트 빌딩과 크라이슬러 빌딩이 건설된 1929년도의 공황이 시작되었으며, 2001년 9.11 테러로 무너진 월드트레이드 센터가 세워진 1973년에 제1차 오일쇼크가 터졌으며, 1996년 말레이시아에서 페트로나스 트윈타워가 올라가자 아시아 금융위기가 시작되었다는 주장이다. 두바이의 몰락도 세계 최고의 고층 빌딩을 세운 것이 빌미가 되었다는 이야기이다.

초고층 빌딩은 대개 거품경기가 절정에 이르렀을 때 착공하지만 건설이 진행되는 몇 년 사이에 거품이 가라앉으면 낭패로 이어진다. 세계무역센터를 지은 캐나다의 O&Y 건설도 때맞추어 터진 1차 오일쇼크로 휘청거리다가 90년대의 금융위기로 결국 무너지고 말았다. 단군 이래 최대의 프로젝트라던 한국판 두바이 용산 재개발이 좌초되면서 우리 경제에 미칠 영향이 우려된다. 2017년 완공 목표로 건설 중인 123층짜리 잠실타워도 마찬가지다.

국가의 성장과 몰락도 맥을 같이 한다. 국가의 흥망에는 크게 외적인 요인과 내적인 요인이 있다. 외적인 요인이 외침이나 천재지변에 의한 것이라면 내적인 요인은 다시 정신적인 측면과 물질적인 측면으로 나눌 수 있다. 지구상에 있었던 나라 중에서 순수하게 외적인 요인에 의해 몰락한 나라는 그리 많지 않다. 내적인 문제가 스스로 해결될 수 없을 지경에 이르렀을 때, 조그만 외적인 요인에 의해서도 몰락할 수 있다는 것이다.

역사적으로 아주 짧은 기간 동안에 제국을 완성한 나라는 몽골, 알렉산더 대왕의 마케도니아, 최초로 중국을 통일한 진나라 정도였다. 이와 반대로 아주 오랜 세월에 걸쳐 제국을 완성하고 장수한 나라는 로마였다. 앞서의 나라들은 성장 속도만큼이나 몰락도 빨랐다. 로마는 아주 천천히 일어서고 서서히 몰락한 전형이었다.

먼저 로마를 보자. 로마는 이탈리아 반도 통일에만 500년이 걸렸고 제국을 완성하기까지 700년이 걸렸다. 기원전 265년에 겨우 이탈리아 반도를 통일했고 카르타고와 60여 년에 걸친 전쟁(BC 264~BC 201)에서 승리하여 지중해의 패권을 차지하면서 제국의 면모를 갖추었다. 그리고 율리우스 카이사르(BC 10~44)에 이르러 제국을 완성했다.

그리고 500년 동안에 걸쳐 서서히 몰락했다. 로마가 이처럼 서서히 일어선 것은 이민족을 강제로 합병하지 않고 동화시키기 위해 긴 시간이 필요했기 때문이다. 초기의 로마는 이웃한 사비니족과 네 번의 전쟁을 치러 모두 이겼지만 이들을 합병하지 않고 오히려 그들의 왕을 로물루스와 공동의 왕으로 받아들이면서 그들을 동화시켰다. 이런 식으로 천천히 접근했던 까닭에 로마는 서서히 일어서고 오래도록 장수할 수 있었다. 플루타크는《영웅전》에서 이렇게 적고 있다.

"패자조차 자기들에게 동화시키는 이 방법만큼 로마 건설에 이바지한 것은 없다."

로마의 이러한 정신은 미국의 건국정신에도 스며들어 있다.

1790년 미국 헌법을 기초한 윌슨은 이렇게 말하고 있다.

"로마는 자국의 힘을 전 세계로 확장하려 한 것이 아니라, 세계의 주민들이 자진해서 로마로 쏟아져 들어왔다."

《로마인 이야기》를 쓴 일본 작가 시오노 나나미는 로마가 장수한 요인으로 개방적 사고, 현실적 합리주의, 역동적인 사회 시스템의 구축 등을 들면서 이렇게 적고 있다.

"지성으로는 그리스인만 못하고, 체력으로는 켈트나 게르만인만 못하고, 기술력으로는 에트루리아인에게 뒤지고, 경제력으로는 카르타고보다 뒤처졌던 로마인들이지만 그들은 세계를 포용할 줄 아는 관대한 정신으로 세계 시민이 될 수 있었다."

반대로 몽골은 짧은 기간 동안에 제국을 건설했지만 수명은 100년 조금 넘는 정도였다. 몽골이 세계를 정복한 속도는 가히 말달리는 속도였다.

1206년 몽골의 칸으로 즉위한 칭기스 칸은 서하 공격을 시작으로 금-만주-호라즘(지금의 이란) 그리고 1223년 중앙아시아를 정복하기까지 17년밖에 걸리지 않았다. 말달리는 속도보다 더 빨랐는지도 모를 일이다. 칭기스 칸이 죽자 장남 주치의 아들 바투는 1236년에 유럽 원정에 나서 남러시아-리야진-키예프를 함락시켰고 1241년에는 동유럽으로 나아가 폴란드-헝가리-독일-오스트리아의 주요 도시들을 함락시켰다.

1260년에는 징기스 칸의 손자 쿠빌라이 칸이 남송마저 함락시키면서 중국을 통일하고 원나라를 세웠다. 원나라 건국을 정벌 역사의 마지막이라고 본다면 징기스 칸으로부터 54년이 걸린 셈이다. 또 제국의 수명을 징기스 칸으로부터 원나라의 멸망까지로 본다면 162년, 원나라의 건국-멸망만 본다면 108년이었다. 제국으로서는 너무 빠른 성장과 너무 빠른 몰락이었다.

빠르게 일어서고 빠르게 몰락한 사례는 알렉산더 대왕의 마케도니아도 마찬가지였다. 알렉산더는 마케도니아 왕 필리포스 2세의 아들로 태어났다. 필리포스 2세는 아들을 훌륭한 왕으로 기르기 위해 대학자 아리스토텔레스를 초빙하여 아들을 가르치게 했다. 아리스토텔레스는 플라톤의 제자가 되어 그리스에서 공부하고 활약했지만 그 역시 마케도니아 출신이었다. 알렉산더는 스승으로부터 도덕, 정치, 경제, 역사, 의학, 서사시 등을 배웠다. 이것이 그를 제왕의 그릇으로 키운 것이다.

기원전 336년 필리포스 2세가 죽자 20살의 알렉산더가 왕위에 올랐다. 그가 왕위에 올랐을 때, 그리스 연맹에서 반란이 일어났다. 왕은 군사를 일으켜 그리스를 정복하고는 그 길로 동방 원정에 올라 소아시아(지금의 터키)를 점령하고 페르시아 황제 다리우스의 대군을 궤멸시키고, 인더스 강까지 진출했다.

알렉산더 대왕이 정복한 땅은 그리스에서 시작하여 인더스 강에 이르는 광대한 영토였다. 지금의 나라로 보면 불가리아, 터키, 시리아, 레바논, 이스라엘, 요르단, 이집트, 이라크, 아르메니아, 아제르바이잔, 이란, 우즈베키스탄, 아프가니스탄, 파키스탄 등을 아우른다.

그러다가 제위에 오른 후 13년 만에 전장에서 열병으로 사망했다. 그의 사후 제국은 내분으로 이어졌고 결국 세 나라로 갈라졌다. 시리아의 셀레우코스 왕조, 이집트의 프톨레마이오스 왕조, 마케도니아 왕국이었다. 이것으로 제국으로서 마케도니아의 역사는 끝이 났다.

최초로 중국을 통일한 진나라도 수명이 짧기는 마찬가지였다. 기원전 221년 진나라는 동쪽의 조, 연, 위, 한, 제, 초 여섯 나라를 모두 정복하고 중국 최초의 통일 제국을 건설하였다. 그러나 진시황이 죽은 지 4년 만에, 통일 14년 만인 기원전 207년에 막을 내리고 말았다. 제국으로서는 아마도 가장 짧은 역사일 것이다.

통일 후 진시황과 그의 뒤를 이은 왕들은 만리장성을 비롯하여 호화로움의 상징인 아방궁을 짓고 도로, 요새 건설에 전 백성을 동원했다. 비용 역시 백성들에게 부담시켰다. 이에 전국에서 민란이 일어나 결국 유방에 의해 멸망했다. 몽골족이 세운 원나라는 쿠빌라이 사후 왕위 쟁탈전과 통치 세력의 부패로 휘청거리다가 각지에서 일어난 홍건적의 난으로 멸망했다.

여기서 빠른 성장이 왜 빠른 몰락을 재촉하는지 살펴보자. 단기간 내에 제국을 이루었다는 것은 무력으로 제국을 건설했다는 의미이다. 무력으로 건설한 제국은 무력으로 다스리지 않으면 반란이 일어나게 마련, 여기에 많은 에너지가 필요하다는 이야기가 된다. 또 일단 제국을 이루면 국경선이 길어지고 조달되는 에너지보다 지출되는 에너지가 많을 수밖에 없다. 그러다가 에너지가 고갈되면 누적된 모순들이 폭발하면서 제국의 수명을 재촉하게 된다.

이번에는 사회주의의 수명을 보자. '사회주의 붕괴'라는 말을 사용하기는 아직 이른지도 모르겠다. 사회주의 몰락 이후, 쾌재를 부르던 자본주의가 2008 월가의 금융위기를 시작으로 유럽 전역이 흔들리고 있기 때문이다. 그러자 학자들은 서재에 먼지를 뒤집어쓰고 있던 자본론을 다시 꺼내 읽기 시작했다. 대학에도 자본론 강좌가 다시 시작되기도 한다.

그러나 학문으로서는 몰라도 정치체제로서의 사회주의는 다시 등장하기가 어려워 보인다. 사회주의 역사는 자본론 출간(1867

년)으로부터 1991년 동구권 몰락까지를 보면 124년, 러시아혁명 (1917년)으로부터 보면 74년의 역사를 기록했다.

사회주의의 출범은 마르크스의 예언과는 달리 자본주의가 망하고 그 자리에 들어선 것이 아니라 볼셰비키혁명에 의한 것이었다. 그후로도 독재자에 의한 폭압적인 정권으로 이어졌다. 강압에 의한 통치의 한계가 대략 100년이 아닐까 하는 생각에서 짚어본 것이다. 재스민혁명으로 사망한 리비아의 카다피가 42년, 쿠바의 카스트로 형제가 54년째(2013년 기준), 지금의 북한이 68년째(2013년 기준) 대를 이어가고 있다.

우리나라의 빠른 성장을 우려하는 학자들도 많다. 외국의 많은 학자들은 우리나라를 경제성장과 민주화를 한꺼번에 이룩한 사례로 자주 언급하곤 한다. 《문명의 충돌》을 쓴 사무엘 헌팅턴도 그중 하나였다.

1995년에 그가 우리나라를 방문했을 때 들려준 이야기이다. 그는 우연히 1960년대의 자료들을 보다가 당시 우리나라의 수준이 아프리카 가나의 그것과 아주 흡사하다는 사실을 발견하고는 충격을 받았다. GNP나 국민의 생활수준, 외국으로부터 받는 원조금액까지 아주 흡사하더라는 것이다. 그렇게 비슷하던 두 나라가 불과 몇 십 년 만에 하늘과 땅만큼의 차이로 벌어졌다며 5

천 년 동안 잠자던 활성 DNA가 깨어나 개구리 뜀박질하듯이 도약하고 있다는 지적이었다.

알다시피 우리나라는 불과 30~40년 만에 세계적으로 주목받는 국가로 성장했다. 전쟁의 폐허 위에서 김과 가발 수출로 시작한 경제가 이제는 조선, 휴대폰, 반도체, 승용차에 이르기까지 세계적인 경쟁력을 갖춘 나라로 성장한 것이다. 이 바람이 산업에 머물지 않고 이제는 한류로까지 이어지고 있다. 우리의 고대사 중에서도 전성기가 없지 않았겠지만 세계적으로 주목받을 수 있을 정도의 발전은 바로 지금이 아닌가 생각된다.

그러나 세상에 공짜는 없는 법, 빠른 성장 뒤에는 분배에서 소외된 계층들의 불만이 도사리고 있고, 민주화 뒤에는 자유의 과잉으로 인한 후유증이 시한폭탄처럼 째깍거리고 있다. 좀 더 구체적으로는 자유의 온상에서 자라난 좌파, 종북 세력, 이념갈등이 도사리고 있다. 이 문제점들은 가속도 페달이 느슨해지는 순간 한꺼번에 분출될 수 있다. 우리나라의 경우 빠른 성장이 불러온 성장통을 어떻게 극복하느냐 하는 것이 21세기 초입에 우리가 당면한 과제이다.

성장과 수명의 관계는 기업에도 그대로 적용된다. 즉 단기 매출에 집착하는 기업은 수명이 짧아진다. 그저 강압적으로만 내몰면 실적이 오르는 줄로 알고 기술부서는 가만히 두고서 유난히 영업부서만 들볶는다. 경영자는 매출과 수익이 비례하는 것으로 착각하고 있다.

그러나 전혀 그렇지 않다. 정상적인 매출에서 얻는 수익은 매출과 비례하지만 시장이 수용할 수 있는 이상의 매출은 독이 되어 돌아온다. 이 독이 수명을 재촉하는 것이다. 영업사원이 자주 바뀌고 단기매출에 매달리는 기업은 절대 수명이 길지 못하다. 장기적으로, 전략적으로 접근하라는 의미이다.

함부로 제품을 만들어내는 기업도 수명이 짧기는 마찬가지다. 기술이 평준화된 분야, 예컨대 식품이나 일상생활 제품이라면 기술이 평준화된 분야이다. 즉 새로운 기술 없이도 얼마든지 신제품을 만들어낼 수 있다는 의미이다. 이름 바꾸고, 향 바꾸고, 첨가물 몇 가지 바꾸면 신제품이 되기 때문이다. 이런 식으로 제품을 만들어 시장에 밀어내다 보면 신제품은 물론 기존의 제품마저 죽어 버린다.

자신의 상품을 자신이 아끼지 않는데 소비자들이라고 아껴줄 것 같은가? 천만에다.

: 외부의 적

환경이 좋으면 종은 스스로 도태된다. 천적의 존재도 마찬가지다. 도도새나 남극의 펭귄들은 천적이 없는 좋은 환경에서 날개가 퇴화되어 날지 못하는 새가 되었다. 펭귄은 아직 살아남았지만 도도새는 그로 인해 멸종되고 말았다. 천적은 생태계의 건강을 위해 꼭 필요한 존재이다. 외부의 적이란 말하자면 내부적으로 에너지를 응집시키는 역할을 한다는 의미이다.

문명사가 토인비는 《역사연구》에서 몰락하는 문명을 크게 두 가지 유형으로 분류하고 있다. 외부의 도전에 효과적으로 응전하지 못한 경우, 그리고 외부의 도전이 없는 경우도 마찬가지로 몰락했다고 적고 있다. 문명이든, 국가이든, 기업이든 외부의 경쟁자가 없는 개체는 자신도 모르는 사이에 도태된다.

가까운 예를 보자. 스마트폰을 사용한 이래로 전화번호를 기억하는 우리의 능력은 급격히 감퇴되었다. 친구나 주위 사람들의 전화번호를 10개 이상 암기하는 사람을 보기가 힘들어졌다. 그러나 스마트폰을 전혀 사용하지 못하는 나이든 분들은 오히려 많은 전화번호를 외우고 있다. 우리 스스로 퇴화하고 있다는 것을 느낄 수 있는 사례이다.

실험실에서 개구리를 뜨거운 물에 집어넣으면 놀라서 바로 뛰어나간다. 그러나 찬 물에 넣고서 서서히 열을 가하면 개구리는 죽고 만다. 그래서 타성이 무서운 것이다.

다시 토인비의 말을 빌리면 역사상 문명이나 위대한 사상은 좋은 자연환경에서 탄생하기 어렵다고 한다. 이집트 문명이 그러했고 황허나 메소포타미아 문명 역시 그러했다. 척박한 자연환경이 있었기에 도전과 응전이 있었고, 성공적인 응전의 결과가 문명이었다는 것이다.

나아가 자연환경이 좋은 지역에서 고등종교도 나타난 적이 없다. 인류의 3대 종교인 불교, 기독교, 이슬람교 모두 가혹한 환경의 산물이다. 우리나라의 빠른 성장에 대해서도 북한이라는 세계에서 가장 호전적인 집단과 마주하고 있는 현실이 오히려 에너지의 원동력이 되었다는 것이다.

: 자본주의 1.0에서 자본주의 4.0까지

열역학 제2법칙에 의하면 모든 에너지는 '높은 곳에서 낮은 곳으로, 사용할 수 있는 형태에서 사용할 수 없는 형태로 바뀐다'는 이론이다. 흐르는 물은 물레방아를 돌릴 수 있지만 바다로 들어간 물은 더 이상 일을 할 수 없다. 불타는 장작은 불꽃과 연기와 재를 남기고 사라진다. 이 반대의 과정, 즉 불에 탄 재가 다시 장작이 될 수는 없다. 이 열역학 제2법칙을 '엔트로피의 법칙'이라고도 부른다. 이 법칙을 좀 더 거창하게 설명하면 모든 물질은 '자유도_{degree of freedom}'가 증가하는 방향으로 변화한다는 것이다.

물질계 변화의 질서를 담은 엔트로피 증가의 법칙은 인간의 역사에도 흥미로운 시사점을 던져준다. 자유도를 '자유'의 개념으로 바꾸어놓으면 인간의 역사 역시 개인의 자유가 확대되는 과정으로 볼 수 있기 때문이다. 고대 전제군주 국가에서는 군주 한 사람만이 자유를 누릴 수 있었고, 중세 봉건주의 국가에서는 제후까지 자유를 누릴 수 있었다. 그러다가 자유, 평등, 박애를 기치로 내걸고 일어난 프랑스혁명을 기점으로 모든 국민들에게까지 자유가 확대되었다.

이것을 지켜 본 헤겔은 《정신 현상학》에서 역사를 자유의 확대 과정이라고 기술하고 있다. 그래서 헤겔은 프랑스혁명을 적극적으로 환영했다. 프랑스혁명은 미국의 독립전쟁으로 자유의식이 고취된 가운데, 귀족들의 압제에 시달리던 프랑스의 농민과 도시인들이 일어나 봉건적이었던 구체제를 전복시키고 국왕 루이 16세와 그의 아름다운 왕비 마리 앙투와네트를 단두대에 세운 사건이었다.

그러나 이 혁명을 종식시킨 사람은 나폴레옹 보나파르트였고 그가 다시 황제의 자리에 올랐으니, 왕정을 종식시키기 위해 일어난 혁명이 새로운 황제를 맞이한 결과가 되고 말았다. 역사의 아이러니 치고는 너무도 역설적이다. 어떻든 프랑스혁명은 개인의 자유를 지고의 가치로 삼는 계기가 되었고, 개인의 자유는 자본주의 체제의 정신적인 씨앗이 되었다.

 자유는 인간의 존엄과 가치를 유지할 수 있도록 해주는 최후의 보호막이다. 그러나 나의 자유를 위해서 다른 사람의 자유를 해칠 자유는 없으며, 나의 자유를 이유로 공공의 질서를 무너뜨릴 자유는 없다. 넘치는 자유는 국가의 몰락, 전쟁, 독재자의 출현으로 이어지는 경우가 많다.

 베트남(구 월남)이 무너진 것은 군사력이 아니라 과잉 자유가 가져다준 혼란과 분열 때문이었다. 미국이 베트남을 떠나면서 물려준 군사력은 세계 4위에 이를 정도로 막강했지만 넘치는 자유는 극심한 혼란을 낳았고, 그 자유의 온상에서 자라난 4만 명 정도로 추정되는 내부 공산세력에 의해 나라가 무너져 내린 것이다.

 역시 자유 천지였던 독일 바이마르 공화국의 사례를 보자. 1차 세계대전이 끝나고 독일에는 최초의 민주정부인 바이마르 공화국이 들어섰다. 바이마르 공화국은 적어도 헌법상으로는 가장 민주적인 공화국이었다. 지금도 헌법학자들 중에는 바이마르 공화국의 민주적인 제도나 인권에 관한 조항을 금과옥조로 삼는 학자들이 많다. 가장 민주적이었던 바이마르 공화국, 이것을 다른 말로 표현하자면 가장 허약한 정부라는 이야기도 된다.

그러나 국내 상황은 '처참' 그대로였다. 산업은 무너졌고 전쟁 배상금을 치르느라 마구잡이로 화폐를 찍어내는 바람에 역사상 초유의 인플레이션이 발생했다. 지폐를 무게로 달아 식품을 구입해야 할 정도였다. 사정이 이러함에도 야당들은 정부를 공격하는 일에만 몰두했고, 시민들의 집단 시위와 노동자들의 파업이 그칠 날이 없었다.

여기서 등장한 인물이 히틀러였다. 히틀러는 총칼로 권력을 잡은 것이 아니라 정당하게 선거를 통해 집권했다. 바이마르 공화국의 무능에 진절머리를 내던 독일인들은 강력한 정부를 약속한 히틀러에게 표를 몰아주었다. 그리고는 다시 전쟁을 일으켰다가 자멸하고 말았다.

자유에 대한 대가는 필히 경제적인 불평등을 낳는다. 개인의 자유와 경제적인 평등, 이 둘을 모두 추구할 수 있는 제도는 이 세상에 없다. 이 경제적 불평등을 해소하려는 극단적인 시도가 바로 공산주의 실험이었으며, 점진적인 시도가 복지제도였다. 공산주의나 과도한 복지제도는 경제적 평등을 추구하는 대신 개인의 자유를 저해하는 시스템이다. 개인의 자유가 위축되면 경제활동 역시 위축될 수밖에 없다. 그리하여 경제적으로 하향적 평등이 이루어진다.

옛날에 〈엄마 찾아 삼만 리〉라는 영화가 있었다. 이것이 우리나라에서는 김종래의 만화로 제작되어 어린 아이들의 심금을 울렸던 작품이다. 이 이야기는 아르헨티나로 식모살이를 간 엄마를 찾아 나서는 이탈리아 어린이의 이야기였다. 이탈리아 여자가 아르헨티나에서 식모살이를 한다면 고개를 갸웃거릴 일이지만 1940년대에는 흔한 일이었다. 그 연유는 이러하다.

20세기에 있었던 양차 대전으로 유럽의 산업이 피폐해졌을 때, 전쟁의 피해를 입지 않았던 남미 아르헨티나는 대량의 곡물, 양모, 쇠고기를 유럽으로 수출하였다. 특히 아르헨티나의 목축업은 황금알을 낳는 거위였다. 냉동선의 등장으로 유럽으로의 쇠고기 수출길이 열린 것이다. 그러자 부에노스아이레스 거리는 사치와 향락으로 흥청거렸고 상류층은 유럽의 귀족 흉내 내기에 바빴다. 몸의 치수를 재어 프랑스 살롱으로 옷을 주문하는가 하면 비단옷은 프랑스로 보내 세탁을 했다. 프랑스 가정교사로부터 불어를 배우고 이탈리아 가정부를 두는 게 상류층의 유행이었다. 〈엄마 찾아 삼만 리〉는 바로 이러한 시대적 배경에서 태어난 것이다.

그러던 아르헨티나가 페론이 대통령에 당선되자 어두운 먹구름이 끼기 시작했다. 좌파들의 지원에 힘입어 대통령이 된 페론은 노동자와 하층민들의 복지를 위해 국가재정을 무한대로 풀기 시작했다. 다른 한편으로는 전후 유럽의 경제가 서서히 살아나면서 더 이상 유럽으로의 수출도 이전과 같지 않았지만, 한 번 풀린 복지의 봇물을 틀어막기는 어려웠다. 페론의 부인 에바 페론은 페론보다 한술 더 떠서 나라의 곳간을 더욱 열어젖혔다. 이것으로 선진국 문턱까지 와 있던 아르헨티나는 완전히 삼류국가로 전락하고 말았다.

이는 영국의 사례도 마찬가지였다. 2차 세계대전 이후 노동당이 복지를 내세워 집권에 성공하자, 보수당도 덩달아 복지경쟁에 뛰어들었다. 여야가 복지경쟁을 하느라 영국은 복지의 천국이 되는 듯 했다. 무상교육, 무상의료, 두둑한 실업수당까지 지급하기 위해 나라는 빈털터리가 되고 말았다.

이를 치유한 사람이 대처 수상이었다. 대처는 교육부 장관이 되자마자 초등학교 아동들의 무상급식부터 뜯어고쳤다. 그러자 전국이 들끓었지만 대처는 꿈쩍도 하지 않았다. 후일 총리가 되어서는 석탄노조를 굴복시키고 경쟁력 없는 국영기업을 민영화시키면서 영국을 다시 살려낸 철의 여인이었다.

최근의 사례로는 그리스가 있다. 국민소득이 3만 달러에 이르던 그리스 역시 정치권의 복지경쟁으로 복지천국이 되었다. 월급의 95%를 연금으로 받는 나라, 전 국민이 무료의료 혜택을 받던 나라였지만 유럽을 휩쓴 경제위기로 하루아침에 거지 나라가 되어 IMF 지원을 두 번이나 받아야 했다. 무상교육이라지만 그리스 최고의 아테네 대학을 졸업해도 일자리가 없다. 모든 산업이 무너져 내린 가운데 남은 것이라고는 해운업과 관광사업뿐이다. 뒤늦게나마 정신을 차리고 긴축재정을 시도해보지만 근로자는 말할 것도 없고 은행원, 공무원, 의사들까지 이에 반대하는 시위에 나서고 있다. 자유와 평등의 시계추는 쉬지 않고 좌와 우로 흔들리고 있는 것이다.

20세기가 끝날 무렵에 일어났던 가장 큰 사건은 동구권의 붕괴였다. 그러자 사회주의자들은 정신적 패닉에 빠졌고 마르크스의 자본론은 퇴물이 되었다. 동구권 붕괴에는 많은 요인이 얽힌 결과겠지만 서울 올림픽이 한 몫을 했다는 이야기도 있다.

한국을 미국의 반식민지 정도로 알고 있던 동구권 사람들에게

텔레비전으로 중계된 서울의 모습은 바로 자유와 번영의 상징이었으며 충격 그 자체였다. 북한보다 조금 나을 거라고 생각했던 서울의 모습은 자신들이 살고 있던 동구권 나라들을 훨씬 능가하는 수준이었다. 한국과 북한은 냉전의 산물로 갈라진 나라였기에 분단 40년 만에 두 나라를 비교하는 것 역시 흥미로웠을 것이다. 텔레비전을 통해 대비되던 서울과 평양의 모습은 바로 두 체제의 우월성을 비교하는 아이콘이었다.

그러자 마가렛 대처 영국 수상과 미국의 레이건 대통령은 'TINA'를 외쳤다. 자본주의의 완전한 승리를 의미하는 말로, "더 이상 대안은 없다(There is no alternative)."는 영어의 약자였다.

자본주의를 지탱하는 이데올로기는 3단계의 변질과정을 거쳤다. 자본주의 1.0으로 알려진 아담 스미스의 자유방임주의는 경제적인 모든 행위를 개인의 자율에 맡겨두면 보이지 않는 손에 의해 조화와 균형이 이루어진다는 낙관론에 기초하고 있었다. 탐욕을 긍정적으로 평가한 최초의 사람이 아담 스미스였다.

그러나 기업의 탐욕에 모든 것을 맡긴 결과는 1930년대의 대공황이었고 이를 극복하기 위해 등장한 이론이 케인즈의 수정자본주의로 정부의 적극적인 간섭과 영향력 증대를 골자로 하는 것이었다.

이것이 자본주의 2.0이었다. 이는 뉴딜정책이나 영국과 유럽의 복지국가 개념을 아우르는 포괄적인 정부 주도의 수정자본주의였다. 그러나 자본주의 2.0 역시 1970년대의 지구촌 인플레이션 위기를 맞았고 이를 해결하기 위해 등장한 개념이 마가렛 대처와 레이건이 주창한 신자유주의로, 정부의 규제와 간섭을 줄이고 모든 것을 시장의 기능에 맡기자는 내용이었다.

이것이 자본주의 3.0이었다. 자본주의 3.0은 시기적으로 1980대부터 대략 30년 동안이다. 이 기간 동안 경제는 호황을 누렸으며 많은 공공부문이 민영화되었다. 개인에서 정부로, 다시 시장으로 무게중심을 옮긴 것이었다. 그러나 신자유주의는 부의 양극화 현상을 심화시켰고 2008년에 있었던 리먼 브라더스의 파산을 시작으로 세계적인 금융위기를 일으켰다. 완전한 승리를 거두었다고 생각되던 자본주의가 금융위기를 맞자, 지식인들은 지적 공황상태가 되었다.

미국발 금융위기와 아울러 유럽 각국들이 재정위기로 휘청거리자, 서재에서 먼지가 쌓이던 마르크스의 저서 《자본론》이 다시 날개를 달기 시작했다. 좌파 지식인뿐 아니라 근본 자본주의자들도 자본론을 다시 찾기 시작한 것이다. 금융위기로 흔들리는 유럽 전역에서 마르크스가 살아나고 있으며 미국, 일본도 마찬가지다. 우리나라에서도 자본론이 대중 강의에 등장할 정도가 되었다. 대안을 마르크스에게서 찾으려는 노력일 것이다.

영국 국방연구소는 사회적인 양극화로 중산층이 빈곤층으로 몰락하고 있다면서 이들이 모두 빈곤층으로 전락하는 30년 정도 후면 이들이 프롤레타리아 혁명계급이 될 수 있다는 보고서를 내놓았다. 영국 성공회 대주교는 자본주의자들의 방종을 경고한 마르크스의 비판이 옳았다고 말한다. 신자유주의 비판자이자 마르크스 경제학자인 데이비드 하비 교수는 위기를 자본주의의 항상적인 속성으로 보고 있다. 《자본주의의 수수께끼》라는 책에서 "자본주의는 살아날 수 있을까?"라고 물으면서 스스로 이렇게 답했다.

"물론 살아남는다. 그러나 많은 대가를 치러야 할 것이다."

여기서 등장한 것이 자본주의 4.0의 개념이었다. 이는 러시아 출신으로 영국과 미국에서 공부한 경제 칼럼니스트 아나톨 칼레츠키가 쓴 책 《자본주의 4.0》에서 비롯된 개념이다. 1.0에서는 개인이 옳았고 2.0에서는 정부가 옳았다. 그리고 3.0에서는 시장이 옳았지만 4.0에서는 개인, 시장, 정부 모두가 틀릴 수 있다는 불확실성을 전제로 한다. 그리고 정부와 기업이 긴밀하게 협조하여 혁신과 경쟁, 배려와 공생을 원칙으로 하는 따뜻한 자본주의를 만들어가야 한다는 주장이다.

　자본주의의 강점은 유연성이다. 그 유연성은 개개인의 경제적 자유를 근간으로 하고 있기 때문에 유연한 것이다. 그러나 자본주의는 구부러질 수 있기 때문에 부러지지 않는다. 인간이 만든 제도 중에 완벽한 것은 없다. 사회구성원 모두에게 이익을 줄 수 있는 윤리적이고 사회적으로 정의로운 자본주의는 불가능하다. 이는 자본주의의 본질과도 모순된다.

　결국 세상은 시행착오를 거듭해가면서, 때로는 후진도 해가면서 비틀거리며 나아가는 갈지자z 걸음인 것이다.

세상 읽기 시크릿 06

진화의 패턴

　세상은 늘 변한다는 것을 전제로 할 때, 그 변화의 패턴이 거북이걸음처럼 느리지만 꾸준히 나아가는가, 아니면 개구리처럼 한순간에 도약하는가 하는 것이 문제다. 변화를 결정하는 요인을 '대립과 갈등'으로 보든, '사랑과 미움'으로 보든, '음양의 순환'으로 보든 변화의 요인이 크면 변화도 클 것이고 반대도 마찬가지일 것이다.
　변화의 속도가 거북이걸음처럼 조금씩 앞으로 나아간다는 견해가 진화론이라면 개구리 뜀뛰기처럼 도약과 멈춤을 반복한다는 생각이 단속평형punctuated equilibrium 이론이다. 진화가 점진적인 변화라면 단속평형은 혁명적인 변화이다. 진화evolution와 혁명revolution, 두 단어가 영어로 알파벳 'r' 하나 차이밖에 없다는 점이 재미있다.

: 진화

지난 150년 동안 가장 치열했던 논쟁이 진화론과 창조론의 싸움이 아니었을까 생각된다. 이는 어쩌면 세상이 끝날 때까지 이어질지 모를 논쟁거리다. 다윈의 진화론의 핵심은 '모든 생명체는 자연선택에 의해 환경에 적합이 종만 살아남으며 그 형질은 후대로 이어진다'는 내용이다. 그리하여 오랜 시간이 지나면 종 자체가 변한다는 것이다.

사실 다윈은 막연히 '형질이 후대로 이어질 것'이라고 생각한 것에 지나지 않았다. 이것을 확인해준 사람이 멘델이다. 신부였던 멘델은 수도원 정원에서 7년 동안의 완두콩 실험을 한 결과 잡종 1세대인 F_1에서는 우성형질만 나타나지만 F_2에서는 우성과 열성이 3:1로 나타난다고 밝혀 다윈의 생각을 뒷받침해주었다. 그러나 그의 연구는 생전에 인정받지 못하다가 사후에야 학설로 인정받은 불우한 학자였다.

  진화론의 사례로 교과서에서는 검은 나방을 들고 있다. 영국이 산업혁명을 일으켜서 세계의 공장으로 떠오르기 시작했을 때, 공장 주변의 나무들도 연기에 그을려 검게 변했다. 그러고 나서 어느 정도 시간이 지나자, 나무에 붙어 살던 흰색 후추나방들이 검은색으로 변했다. 검은 나무에 앉은 흰색 나방은 쉽게 새들의 먹잇감이 되었기 때문이다. 1960년대 이후 환경보호에 노력한 결과 영국에서는 다시 흰색 나방이 증가하고 있다는 보고이다.

  창조를 믿는 기독교인들도 모든 생명체는 환경에 적응해서 변한다는 사실은 인정하면서도 '진화'라는 단어는 받아들이지 못한다. 진화라는 단어 속에는 '본질적인 변화' 정도의 의미가 숨어 있기 때문일 것이다.

  진화론에 의하면 모든 생명체는 원시 생명체에서 진화된 것이다. 그러나 기독교에 의하면 하나님은 처음부터 완벽하게 모든 생명을 창조했다. 피조물 중에서도 가장 중요한 존재가 인간인데, 성경 창세기에 의하면 인간은 특별히 하나님의 형상을 따라 창조된 존재이다. 만약 진화론에서 주장하는 것처럼 인간도 원시 생명체에서 진화된 존재라면 기독교의 근간이 흔들릴 수 있는 사안이다. 그래서 이 논쟁을 결코 끝나지 않을 것이라는 이야기이다.

　찰스 다윈의 진화론은 자연선택에 의한 '우연'을 강조하고 있다. 생물들의 진화 자체가 우연에 의해 일어난다는 것이다. 진화론의 계기가 된 해양탐사선 비글호에 다윈이 승선하게 된 것도 우연이었다. 19세기, 당시 해가 지지 않는 나라였던 영국은 해양탐사와 태평양 섬들의 정밀한 경도측정의 필요성을 느끼고 있었다. 그 임무를 위해 해군 함정 비글호가 선정되었다. 1831년 12월 27일, 마침내 영국의 해군 함정 비글호가 영국 남부의 포츠머스 항구를 출항했다. 목적지는 파타고니아, 푸에고 섬, 칠레, 페루 등 남미와 태평양 섬들이었다.

　비글호에는 피츠로이 선장과 찰스 다윈, 그리고 70여 명의 선원들이 타고 있었다. 다윈은 공식적으로는 박물학자의 자격으로 승선했으나 좀 더 중요한 다른 임무는 선장의 말벗이 되어 주는 것이었다. 영국 해군의 전통상 선장은 선원들과 개별적인 접촉이 금지되어 있었다. 선장의 권위를 위해서였다. 따라서 선원들과 사적인 대화는 물론이고 식사도 함께 할 수 없었다. 그래서 긴 항해인 경우에는 외로움이 가장 무서운 적이었다. 실제로 비글호의 전임 선장은 3년 동안의 항해 끝에 자살을 하기도 했다.

　피츠로이 선장은 처음 케임브리지 대학 식물학 교수 헨슬로에게 승선을 제의했다. 하지만 헨슬로 교수는 고령을 이유로 거절하고 대신 다윈을 추천했다. 다윈은 케임브리지 대학 신학부를 다녔지만 신학보다는 생물학에 관심이 많아 헨슬로 교수의 연구실을 자주 방문하면서 친해진 사이였다. 이렇게 해서 선장의 말벗 겸 박물학자로 승선하게 된 것이었다. 두 사람은 성격도 많이 달랐다. 해군 장교 출신으로 매사에 활달했던 피츠로이 선장과 소심하고 곤충채집에나 관심이 있었던 다윈은 전혀 어울리지 않는 사이였다.

사회 문제에 대한 시각도 전혀 달랐다. 피츠로이 선장은 열렬한 노예제도 지지자였고 다윈의 집안은 노예제도를 반대하는 가문이었다. 다윈의 할아버지와 외삼촌은 노예제도 반대 단체에서 활동하던 사람들이었다. 일부 학자는 다윈이 진화론을 들고 나온 것도 생명의 평등을 주장하기 위함이었다고 말하고 있다. 마침내 노예 문제를 놓고 두 사람 사이에 의견충돌이 벌어졌다. 브라질에 머무는 동안 피츠로이 선장은 브라질에서 가장 많은 노예를 거느린 한 농장주를 만났다. 그곳에서 피츠로이 선장은 감동적인 이야기를 들었다며 그 이야기를 다윈에게 들려주었다.

그 이야기에 의하면, 한번은 주인이 노예들을 모아놓고서 "너희들은 자유의 몸이 되고 싶으냐?"고 물었다. 그랬더니 노예들이 모두 "아니요."라고 대답했다는 것이다. 그러면서 노예제도야말로 인도적인 제도라고 덧붙였다.

그 말에 다윈이 반론을 제기했다. 세상에 생사여탈권을 쥐고 있는 주인에게 "자유의 몸이 되고 싶다고 말할 수 있는 노예가 어디 있겠느냐?"는 대꾸였다. 이에 피츠로이 선장은 몹시 화를 냈고, 그 이후 두 사람은 진지한 대화를 거의 나누지 않았다고 한다.

같은 배를 타고, 같은 곳을 여행했지만 두 사람은 생각과 보고 느낀 것이 전혀 달랐다. 피츠로이 선장은 안데스 산맥에서 조개껍질 화석을 보고 대홍수(노아의 홍수)의 증거라며 신앙심을 더욱 굳건히 다졌다.

피츠로이 선장을 이렇게 적고 있다.

"그것은 내게 대홍수의 보편성에 대한 확실한 증거로 보였다. 내가 볼 때 이것들은 원래 그 바다에 있었는데, 거기로부터 물에 의해 운반되어 현재 발견되고 있는 그곳에서 퇴적되었다는 것을 의심할 수 없게 했다."

피츠로이 선장이 해안선을 측정하고 기록하는 동안 다윈은 현지의 생물들을 관찰하고 채집하면서 그들의 생태를 조사하여 꼼꼼히 기록했다. 1835년 9월, 비글호는 마침내 운명의 섬 갈라파고스 제도에 도착했다. 19개의 섬으로 구성된 갈라파고스 군도는 육지와 격리되어 있어 다양한 생물들의 보물창고였다. 화산섬이라 생물들이 살기에는 적합하지 않았지만 해류가 날라다 주는 풍부한 먹이 덕분에 거북이, 펭귄, 이구아나, 물개, 바다사자 등 다양한 고유종들이 살고 있었다. 거북의 경우 크기가 1m가 넘는 대형 종으로부터 땅거북, 안장형태의 거북 등 섬마다 다양한 종으로 나누어져 있었다. 갈라파고스는 '말안장'이란 의미를 가지고 있다. 그곳 거북들의 등이 마치 말안장처럼 생겼다고 해서 붙여진 이름이다.

이 중 다윈의 눈길을 끈 것은 핀치새와 바다거북들이었다. 그리 멀리 떨어지지 않은 섬들이지만 여기서 발견된 핀치새들의 부리는 앵무새의 부리를 닮은 핀치, 긴 부리의 핀치, 망치처럼 뭉텅하게 생긴 핀치, 나무 핀치, 선인장 핀치 등 10여 종으로 나누어져 있었다. 반면 갈라파고스와 가까운 남미만 해도 핀치는 단 한 종류뿐이었다. 이를 어떻게 해석할까?

어린 시절 다윈은 양모 생산업자로부터 좋은 양모를 얻는 방법에 관해서 들은 바가 있었다. 예를 들어 좋은 양모를 많이 생산하기 위해서는 털이 좋은 양을 골라 새끼를 낳게 한다는 것이었다. 이것을 몇 대에 걸쳐 되풀이하면 좋은 털을 가진 품종을 만들어낼 수 있다는 이야기였다. 다윈은 이것을 인위적인 선택이라고 생각했다.

그렇다면 자연선택에 의한 종의 진화도 가능하지 않을까?

여기서 다윈은 서식 환경이 달라지면서 '부리의 모양과 크기가 환경에 적합하도록 진화하는 것이 아닐까?' 하고 생각했다. 앵무새 모양의 부리는 씨앗을 쪼기에 적합하고, 기다란 부리는 나무 속에 사는 벌레를 잡기에 용이하다. 망치처럼 뭉텅한 부리는 견과류를 깨뜨리기에 적합한 모양이었다.

진화론자들은 갈라파고스처럼 격리된 작은 섬에서 종의 변이가 일어나기 쉽다고 말한다. 동일한 종의 생물집단이 바다, 산맥, 사막 등에 의해 몇 개의 소집단으로 격리될 경우 격리된 소수 집단은 외부와의 유전자 교류가 차단되면서 고유한 유전자 풀gene pool을 보유하는 새로운 종으로 발전할 가능성이 훨씬 더 높아진다.

큰 집단과 작은 집단에서 똑같은 돌연변이가 나타났다고 하자. 규모가 큰 집단에서는 돌연변이의 유전인자가 섞이기 쉽기 때문에 시간이 지나면 희석되고 말지만, 외부와 격리된 작은 집단에서는 유전인자의 보존이 쉽다. 개체수 10쌍인 집단에서는 이 유전자가 1/10로 섞이지만 100쌍인 집단에서는 1/100로 섞이기 때문이다. 그래서 육지와 떨어진 섬에서는 같은 조류라도 오랜 시간이 지나면 갈라파고스 섬의 핀치새들처럼 상당히 다른 모습으로 진화한다. 그래서 지구촌 오지나 고립된 섬에서는 인간의 모습도 동식물의 모습도 육지와는 상당히 다른 모습을 하고 있다.

다윈의 항해가 있고 난 후, 1940년대에 영국의 박물학자 알프레드 레셋 월리스는 아마존 강 유역과 말레이 제도에서 각각 4년, 8년을 보내면서 다윈과 거의 같은 결론을 얻었다. 1858년 윌리스는 〈변종이 원형에서 분리되는 경향〉이라는 논문을 써서 다윈에게 보냈다. 다윈은 답장을 통해 논문을 함께 발표하자고 제의했고, 그해 두 사람의 논문은 공동으로 '저널 오브 더 리넨 소사이어티'에 실렸다. 이듬해(1859년), 다윈은 그동안의 연구를 묶어 서둘러 《종의 기원》을 발간한다. 책은 발간 당일 모두 매진됐다.

이 책의 핵심적인 내용은 다음과 같다.

> 자연은 어떤 목적을 가지고 진화하는 것이 아니라 우연적인 변이와 경쟁을 통해서 진화한다. 그리하여 환경에 적합한 개체는 살아남고 그렇지 못한 개체는 도태한다. 그리고 살아남은 개체의 형질은 후대로 이어진다. 그리하여 많은 세월이 지나면 종 자체가 변한다.

많은 과학자들은 이 책에 감명을 받았지만, 일반 대중은 신의 개입이 없이 인간이 하등동물에서 진화했다는 말에 분개했다. 특히 기독교 성직자들은 부글부글 끓고 있었다. 《종의 기원》이 출간된 지 약 6개월 후인 1860년 6월 3일, 옥스퍼드 대학 자연사 박물관에서 마침내 당대의 지식인 두 명이 세기의 토론을 벌였다. 생물학자 토마스 H. 헉슬리와 새뮤얼 윌버포스 대주교 사이에 벌어진 토론이었다. 토론의 주제는 '진화론'이었다. 독학으로 생물학을 공부한 헉슬리는 시조새 화석을 공룡과 친족관계라고 보고 공룡이 조류로 진화했다는 이론을 처음으로 제기한 학자였다. 다윈의 진화론을 접하고 나서 헉슬리는 이렇게 한탄했다.

"나는 참 바보다. 이렇게 간단한 것을 왜 생각하지 못했을까?"

그후 헉슬리는 다윈의 열렬한 지지자가 되었다. 그는 다윈의 진화론을 옹호했고 윌버포스 대주교는 하나님의 창조론을 옹호했다. 진화론의 당사자인 다윈은 대중 앞에서 토론에 나설 정도로 적극적인 성격이 아니었고 말도 잘하지 못했기 때문에, 진화론을 적극 옹호하던 헉슬리가 대신 등장한 것이다. 50대의 노련한 윌버포스 대주교는 사제답게 대중 연설에 능했고, 이 토론을 위해 유명한 생물학자 리처드 오웬으로부터 개인교습도 받았다. 만반의 준비를 갖춘 것이다.

먼저 혈기왕성한 헉슬리가 인간과 원숭이는 공동의 조상에서 갈라졌다고 말하자, 윌버포스는 기다렸다는 듯이 되물었다.

"그럼 당신이 원숭이의 자손이라는 말이지요? 그럼 할머니 쪽이 원숭인가요, 할아버지 쪽이 원숭인가요?"

그러자 헉슬리는 이렇게 되받았다.

"당신처럼 뛰어난 재능을 가지고도 진실을 직면하기를 두려워하는 사람이 되느니, 나는 차라리 두 원숭이의 자손이 되겠소!"

그러자 사방에서 박수가 터져 나왔고 독실한 기독교인이었던 한 여인은 그 자리에서 기절했다. 윌버포스 대주교는 흥분한 나머지 자신의 마지막 발언도 하지 못하고 토론장을 빠져나가고 말았다. 사실 원숭이가 인간의 조상이라는 말은 아무도 하지 않았다. 인간도 원숭이도 아닌 공동의 조상에서 인간과 원숭이로 갈라졌다는 의미였다. 엄격하게 따지자면 모든 동물은 물고기에서 갈라졌다고 말하는 게 옳을 것이다. 생명 자체가 물에서 태어났기 때문이다.

이 논쟁을 지켜보던 피츠로이 선장은 모세가 십계명을 들어올렸던 것처럼 성경을 머리 위로 높이 들고는 "성경 말씀을 믿으라!"며 회한의 눈물을 흘렸다. 이 논쟁을 촉발시킨 요인을 제공한 것이 자신이었기 때문이다.

: 윌리엄스 대주교와 도킨스의 논쟁

토마스 헉슬리와 윌버포스 대주교의 토론이 있은 지 150여 년 만인 2012년 2월 23일 옥스퍼드 대학에서는 거의 흡사한 토론이 다시 벌어졌다. 이번 토론자는 과학계를 대표하는 옥스퍼드 대학의 생물학 교수 도킨스와 영국 성공회를 이끄는 윌리엄스 대주교 사이에서 벌어진 '무신론 논쟁'이었다. 도킨스 교수는 《만들어진 신》이라는 책의 저자로 우리나라에도 번역되어 뜨거운 논쟁을 일으켰던 생물학자이다.

철저한 무신론자인 도킨스 교수는 《만들어진 신》에서 '신'이라는 개념 역시 진화론에서 말하는 자연선택의 원리에 의해서 진화한 것이라고 보는 입장이다. 아주 미개했던 옛날에 신이 있다고 믿는 부족과 없다고 믿는 두 부족이 있었다고 하자. 부족의 생존에는 '신이 있다'고 믿는 부족이 유리했을 거라는 주장이다. 도킨스는 또 다른 그의 저서 《눈먼 시계공》에서 그는 이렇게 적고 있다.

"지금의 생명체들은 자연선택의 결과로 멋지게 탄생한 것처럼 보이지만 사실은 눈먼 시계공이 수많은 실패 후에 우연히 수리에 성공한 것이다. 신의 창조라는 것 또한 마찬가지다. 종교는 확실한 증거 위에 있지 않다. 과학으로 입증된 사실을 보면 신은 없다."

토론에서 도킨스 교수가 먼저 말문을 열었다.

"현대 과학의 성취로 볼 때 종교는 끝장났다. 무엇 때문에 창세기 내용들을 21세기 과학에 꿰맞추느라고 시간을 낭비하고 신이라는 개념을 만들어 세상을 혼란스럽고 복잡하게 하는가?"

그러자 윌리엄스 대주교는 이렇게 받았다.

"과학의 잣대로 종교를 보는 것은 잘못이다. 성경의 저자들은 21세기의 물리학을 전공한 사람들이 아니지 않느냐. 과학의 문제는 과학으로 풀어야 하지만 우주에서 인간이 차지하는 위치를 이해하기 위해서는 창세기를 읽어야 한다. 성경을 문자 그대로 읽어서는 안 되며, 창세기에는 창조자와 인간의 기원에 대한 깊은 진실이 담겨 있다."

도킨스 교수가 다시 물었다.

"하나님이 있는데 왜 세상에는 날마다 악이 넘치고 인간들은 고통을 받아야 하는가?"

윌리엄스 대주교가 대답했다.

"그것은 나에게도 가장 어려운 문제다. 그러나 반대로 하나님이 사악한 인간에게 더 큰 고통을 주지 않은 이유도 생각해봐야 한다."

후일 윌리엄스 대주교는 신이 존재한다면 왜 세상이 자꾸만 악해지느냐는 질문이 가장 곤혹스러웠다고 회고했다.

: 공진화

진화는 환경에 적응하기 위해 일어나는 것만은 아니다. 먹고 먹히는 관계에 있는 포식자와 피식자 사이에서도 나타난다. 천적의 존재도 환경이라고 하면 환경의 범주에 속할 수 있을 것이다. 야생에서 치타는 영양을 잡아먹고 살아간다. 그렇다고 치타가 마음만 먹는다면 모든 영양을 다 잡을 수 있는 것은 아니다. 걸음이 느린 어린 새끼나 늙은 영양들이 희생의 우선순위가 된다. 이에 치타의 추격을 피하기 위해 영양의 달리는 속도는 점점 더 빨라지도록 진화한다. 그러면 치타의 속도 또한 빠르게 진화한다. 이것이 '공진화'의 개념이다.

나비는 원래 나방과에 속했던 것이 진화한 사례이다. 박쥐는 초음파를 쏘아 먹이인 나방을 포획하는 동물이다. 나방은 이를 피하기 위해 갈지자(之)로 비행하는 법을 터득했다. 여기서 박쥐 역시 지그재그 비행법을 터득하여 승부는 원점으로 돌아갔다. 박쥐의 날개가 우산처럼 특이한 모습을 하고 있는 것도 갈지자 비행에 유리하도록 진화한 탓이다. 여기서 일부 나방은 박쥐의 추격을 피하기 위해 밤 시간대의 생활에서 아예 낮 시간대에 생활하는 나비로 진화하기도 했다.

공진화 현상은 사람과 병원균 사이에서도 잘 나타난다. 마치 군비경쟁을 하는 것 같다. 처음 페니실린이 발명되었을 때, 사람들은 이제 일류는 질병과의 싸움에서 완전한 승리를 거두었다며 자축했다. 그러나 세균도 공진화를 거듭하여 이젠 웬만한 항생제로는 끄덕도 하지 않을 정도로 공진화를 거듭하고 있다.

일부 의학자들은 성병인 매독이 한센병의 변형이라고 주장하기도 한다. 한센병은 피부 접촉을 통해서만 전염되는 질병이다. 사람들이 위생상태가 나쁜 환경에서 옹기종기 모여 살았던 것이 이 병을 크게 전염시킨 요인이었다. 그러다가 의복과 위생상태가 개선되자 한센병의 설 자리가 점점 좁아졌다. 그래서 인류가 살아있는 한 영구적으로 피부 접촉이 보장되는 사람의 성기 부분으로 서식처를 옮겨갔다는 주장이다.

만약 그것이 확인된다면 병원균의 진화는 놀라울 정도다. 세균과 인간의 싸움에서는 늘 병원균이 한발 앞서 나간다. 인간은 이름 모를 질병이 발생한 다음에야 이에 대항할 수 있는 백신을 만들 수 있기 때문이다.

⋮ 종의 분화

생물 분류에서 종의 개념은 학자들마다 조금씩 다르기는 하나 대체로 '자연상태에서 교배를 할 수 있는 범위'로 정의된다. 사자와 호랑이는 자연상태에서는 교배가 이루어지지 않는다. 그래서 다른 종으로 분류되는 것이다.

종은 지리적, 환경적 요인에 의해 새로운 종으로 진화한다. 오랜 시간 동안 지리적으로 격리된 집단에서는 다른 종으로 분화될 수 있다. 다윈이 갈라파고스에서 관찰한 핀치새들이 그러했다. 이러한 종의 분화를 이소적 종분화라고 부른다. 집단의 일부가 서식지를 옮겨 새로운 환경에 적응하는 경우도 종의 분화가 일어난다. 이는 이동적 종분화이다.

지리적 격리가 새로운 종의 탄생이 되는 과정을 보자. 모집단에 비해 소수의 무리가 작은 집단을 이루었을 경우 종분화는 더욱 빠르게 일어난다. 큰 집단에서는 유전인자가 희석되지만 작은 집단에서는 고정될 가능성이 훨씬 더 높기 때문이다.

지리적으로 멀리 떨어지지 않더라도 급격한 환경 변화 등으로 새로운 종이 나타나는 경우도 있다. 광산 개발 등으로 토양이 중금속으로 오염되었을 경우 그곳에 자라던 생명들은 두 가지 중에서 하나를 선택을 해야 한다. 중금속에 중독되어 멸종되거나 이에 내성이 생기면서 새로운 종으로 탄생하는 경우이다.

생리적 종분화도 있다. 같은 종이었지만 두 집단의 특성에 차이가 발생하면서 자연상태에서 교배가 이루어지지 않는 경우이다. 나비를 보자. 원래 나방과 나비는 같은 종이었으나 천적인 박쥐를 피하기 위해 나방의 일부가 활동 시간대를 밤에서 낮으로 바꾸면서 나비로 진화한 경우이다. 지금도 나비목은 16만 5천여 종이 있는데 이 중 11% 정도만 나비로 분류되고 나머지는 여전히 나방으로 분류되고 있다. 종분화는 단속평형 이론의 중요한 근거가 되고 있다.

: 단속평형

다윈의 자연선택설이 점진적인 진화의 개념이라면 단속평형은 급진적인 진화를 의미한다. 진화론자들은 하늘을 나는 새는 파충류에서 진화되었고 진화에 필요한 시간은 대략 800만 년 정도로 보고 있다.

진화론의 가장 큰 맹점은 중간 단계의 화석이 발견되지 않는다는 것이다. 조류가 파충류에서 진화되었다면 중간 단계의 화석이 많이 발견되어야 할 것이나 시조새밖에는 발견되지 않았다.

기린의 목이 먹이환경에 맞게 진화되었다면 중간 길이 정도인 기린의 목도 발견되어야 할 것이나 발견되지 않았다. 이 문제를 해결하기 위해 도입된 이론이 단속평형이다.

1972년, 진화생물학자인 제이 굴드와 엘드리지는 '단속평형이론'을 들고 나와 세상을 발칵 뒤집었다. 이들에 의하면 종의 진화는 수백만 년을 거치면서 비례적으로 조금씩 이루어지는 것이 아니라 오랜 기간 동안 안정상태로 있다가 짧은 기간 동안에 폭발적으로 일어난다. 그리고는 다시 오랜 시간 동안의 안정상태로 돌아간다고 주장한다.

굴드와 엘드리지는 진화란 거의 정체에 가까운 긴 휴지기들 사이에 짧은 기간의 급격한 변화가 '끼어드는' 현상이라고 설명한다. 이들에 의하면 종의 수명은 대략 500만 년 정도이며 진화는 5만 년 정도에 걸쳐 일어난다고 주장한다. 5만 년은 인간에게는 길게 느껴질지 모르지만 지질학적 시간으로 보면 '순간'이다.

단속평형의 핵심은 환경이 안정적일 때는 거의 변화가 없다가 환경이 급변하면 기존의 환경에 잘 적응했던 생명들은 거의 멸종하거나 재앙을 맞지만, 기존의 환경에서 겨우 연명하던 생명체들에게는 오히려 좋은 환경이 될 수 있다는 것이다. 그리하여 많은 생명체들이 멸종한 자리를 새로운 생명체들이 메워 간다.

이들이 주장하는 단속평형은 점진적인 진화를 강조하는 다윈의 진화론과도 배타적이다.

단속평형 이론의 관점으로 지구촌 생명체들의 출현을 보자. 지구촌 생명체 대부분은 고생대 초기 캄브리아기에 동시적으로 출현했다. 캄브리아기는 지금부터 5억 4천 200만 년 전부터 4억 8천 8백만 년 전 사이로 그 기간은 5천 4백만 년 정도이다. 5천 4백만 년이라고 하지만 전문가들에 의하면 새로운 생물들이 집중적으로 나타난 시기는 500만 년에서 1000만 년 사이라고 한다. 이 기간은 인간으로 보면 아주 긴 시간이지만 지질학적인 연대로 보면 아주 짧은 순간에 불과하다. 그 짧은 기간에 우주가 폭발하듯이 다양한 생명들이 분출한 것이다. 그래서 학자들은 이 시기를 진화의 빅뱅Big Bang of Evolution 혹은 캄브리아 대폭발기 Cambrian Explosion라고 부른다.

영국 자연사박물관의 앤드루 파커 박사에 의하면 캄브리아기 이전까지 3개의 문에 불과하던 생물이 이 시기를 맞아 38개의 문으로 급격하게 늘어났다고 한다. '문'은 계, 문, 강, 목, 과, 속, 종, 명으로 이어지는 분류 중 두 번째에 해당되는 대분류이다. 계는 동물과 식물을 구분하는 기준이며, 문은 척추동물과 무척추동물을 구분하는 기준이다. 그 시기에 오늘날 살아있는 동물의 주요 그룹과 멸종된 동물 그룹 대부분도 이 시기에 나타난 것으로 알려지고 있다. 이때 등장한 바다 생물들이 삼엽충, 극피동물, 완족류, 환형동물, 필석류(소형 수중군체성 생물), 강장동물 등이었다. 이 시기의 대표적인 생물이 삼엽충이었으며 척추동물도 이때 처음 등장했다. 그리고 육지에는 최초로 식물이 나타났다.

지구의 나이를 대략 46억 년으로 보면 그동안에 다섯 번의 대멸종이 있었고 그보다 작은 멸종은 10여 차례 더 있었다. 그때마다 지구촌 주인의 자리가 바뀌었다. 대멸종의 원인은 기후 변화나 행성 충돌 등으로 인한 지구환경의 급작스런 변화 때문이었을 것이다. 페름기 대멸종에서는 지구온난화가 원인이었고 백악기 대멸종은 소행성 충돌에 의한 것으로 학계에서는 보고 있다.

지구에 처음 등장한 생명체는 원시 바다 생명체들이었다. 그러나 이들은 6억 7천만 년 전에 있었던 지구빙하기를 맞아 대부분이 멸종했고 그후 5억 3천만 년 전의 캄브리아기를 맞아 다양한 생명체들이 대거 등장했다. 그러다가 4억 4천만 년 전의 오르도비스 대멸종을 맞아 해양 무척추동물의 75%가 사라지고 삼엽충이 크게 위축되었다. 그 뒤를 해양 생물들이 이어지면서 7천만 년 동안은 이들의 낙원이 되었다.

다시 3억 7천만 년 전에 있었던 대본기의 대멸종으로 삼엽충,

필석, 갑주어 등 해양 생물종 75%가 사라졌고 앞서의 대멸종에서 극적으로 살아남았던 삼엽충도 이때 완전히 멸종되고 그 자리를 파충류 등의 척추동물들이 차지했다. 2억 5천만 년 전의 페름기 대멸종과 2억 1천만 년 전에 있었던 트라이아이스 대멸종에서는 해면류, 두족류, 완족류, 곤충류 등 많은 척추동물이 사라졌고 그 자리를 공룡과 포유류가 차지했다.

6천 5백만 년 전에 있었던 백악기 대멸종에서는 공룡과 파충류가 사라지고 그 자리를 포유류가 차지했다. 인류의 먼 조상이 지구상에 나타난 것도 이 시기였다. 환경이 급변하면 체구가 큰 동물들이 가장 먼저 희생되고 체구가 작은 동물들이 살아남을 가능성이 훨씬 더 높다. 공룡이 지구의 주인이었던 시기의 포유류는 공룡을 피해서 땅속에 굴을 파고 겨우 목숨만 부지하고 있던 작은 체구의 동물이었다. 그래서 학자들 중에는 다시 한 번 지구의 멸종이 시작된다면 인류가 가장 먼저 희생되고 곤충, 박테리아가 지구 최후의 주인이 될 것으로 예측하는 학자들도 많다.

캄브리아기라는 이름은 영국의 지질학자 A. 세즈윅이 이 시대의 지층을 발견한 영국 웨일즈 지방 캄브리아 산맥에서 따온 말이다. 여기서 유공충, 방산충, 해면동물, 해파리, 강정동물, 극피동물, 완족류, 고둥, 연체동물 그리고 이 시기의 대표적인 생물인 삼엽충이 대량으로 발견되었다.

그 짧은 기간 동안에 어떻게 그런 엄청난 일이 일어날 수 있었을까?

고생물학자들이 캄브리아기의 비밀을 캐기 위해 머리를 싸맸지만 아직 정설로 굳어진 것은 없다. 다윈의 진화론에 의하면 종은 환경 변화에 적응해가면서 서서히, 조금씩 진화하는 것이어야 한다. 단순한 것에서 좀 더 다양한 것으로, 공룡이 새로 진화하는 중간 과정에 시조새가 나타나듯이 중간 단계를 거치며 점진적으로 진화한다는 것이 다윈의 생각이었다.

그러나 캄브리아기에 나타난 생물들은 중간 단계의 흔적을 남기지 않고 있다. 마치 몇 개의 계단을 한꺼번에 뛰어넘은 것처럼 비약적으로 새로운 종이 출현한 것이다. 여기서 다윈의 진화론은 상당한 위기에 처하게 되었고 창조론자들은 얼씨구 하면서 캄브리아기에 다양한 생명체들의 화석이 동시에 발견된 것이야말로 창조론의 증거라고 주장했다.

"완벽한 구조를 갖춘 서로 다른 생물들의 화석이 같은 시기 지층에서 동시에 발견되었다는 것이야말로 창조론 모델이 옳다는 증거이다. 이는 오랜 기간에 각 종류의 생물들이 점진적으로 진화해왔다는 다윈의 이론을 정면으로 부정하는 증거다. 진화론자들은 어느 날 공룡의 알에서 갑자기 새가 튀어나왔다는 식의 주장을 하지만 이는 모래 위에 집을 짓는 격이다."

: 환경과 종의 다양성 관계

환경과 종의 적응은 아주 재미있는 형태로 나타난다. 환경이 좋으면 개체수가 증가하고, 환경이 가혹하면 종의 다양성이 증가한다는 점이다. 이것을 종의 다양성 측면에서 보면 환경이 좋으면 종의 다양성이 퇴화하고, 환경이 가혹하면 개체수가 줄어드는 대신 종의 다양성은 증가한다는 것이다. 결국 가혹한 환경을 이겨낸 종이 살아남는다는 이야기가 된다.

앞서의 대멸종 과정을 살펴보면 대멸종 과정에서 살아남은 종은 대부분 가혹한 환경에서 천적을 피해 숨어서 살던 종들이었다. 갑작스런 환경 변화가 일어나면 이전의 환경에서 마음껏 개체수를 늘렸던 종에게는 치명적이지만 이전의 환경에서 종의 다양성을 증가시킨 종에게는 아주 좋은 환경이 된다는 것이다.

잠시 지금 우리가 살고 있는 환경을 생각해보자. 인터넷과 스마트폰이 보급되면서 우리의 기억력은 거의 유치원 수준으로 돌아가고 있다. 전화번호를 기억력 대신 기계에 저장하기 때문이다. 요즘 친구나 주위 사람들의 전화번호를 10개 이상 암기하고 있는 사람은 별로 없을 것이다. 편리한 환경 덕분에 퇴화하고 있다는 증거이다.

  천적의 존재도 종의 진화에 큰 역할을 한다. 생명을 가진 모든 존재들에게 천적의 존재는 오히려 생존에 필수적인 요건이 된다. 천적이 없으면 퇴화되기 때문이다.

  아프리카 마다가스카르 동쪽에 위치한 모리셔스 섬은 바다 속의 섬, 섬 속의 바다로 신이 창조한 섬이라는 별명을 가지고 있다. 자연환경이 그 정도로 뛰어난 곳이다. 뉴욕타임스가 선정한 신혼여행지 1위에 꼽혔던 섬이다. 그곳에는 '도도새'들이 살고 있었다. 천적은 물론 사람의 흔적도 없어 마음껏 번식했다. 먹이환경이 좋아서 마음껏 먹은 탓에 체중은 14kg까지 늘어났고, 천적이 없으니 날개마저 퇴화되어 버렸다.

  1598년 네덜란드 탐험대가 이 섬에 처음 들어갔을 때, 도도새들은 달아날 줄도 모르고 그저 멍하니 사람들을 바라다보고 있었다. 그래서 바보새라는 별명을 다시 하나 얻었다. 그 이후 인간에게 포획되고, 인간과 함께 들어간 다른 동물들에게 알을 도난당하면서 불과 60년 만에 멸종하고 말았다. 뉴질랜드에 살던 '키위'라는 새도 같은 운명이었다. 먹이환경이 좋은데다가 천적이 없어 퇴화될 대로 퇴화된 것이다.

지금의 인류는 최후의 포식자가 되어 땅 위의 모든 것을 독식하면서 빠르게 개체수를 늘려가고 있다. 세계 인구가 10억 명을 돌파한 것은 1804년이었고 1927년에 20억 명을 돌파했다. 1960년에는 30억 명, 1974년에 40억 명, 1987년에 50억 명, 1999년에 60억 명 그리고 2011년 말경에 70억 명을 돌파했다. 인구증가의 속도 역시 가속화되고 있는 것이다.

이처럼 개체수가 빠르게 늘어난다는 것은 인간의 유전자 구조가 점점 더 단순화되어가고 있음을 의미한다. 이렇게 되면 식량문제가 해결된다고 해도 인류는 환경 변화나 전염병에 치명적일 수 있다는 이야기이다. 인간이 재배하는 농작물이나 가축 또한 빠르게 단순화되고 있다. 기업형 농장이나 사육의 핵심은 경제성에 있다. 식물의 경우는 수확량이 많은 종을, 동물의 경우는 사료를 적게 먹으면서도 빨리 자라는 종으로 획일화된다. 이 역시 환경 변화나 전염병에 치명적이다.

1847년 발생하여 아일랜드 인구의 1/4을 앗아간 감자마름병역시 종의 단순화에 원인이 있었다. 그러자 감자를 주식으로 하던 아일랜드는 기근으로 이어졌고 영양실조는 또 다른 질병으로 이어지면서 아이들, 노인, 남자, 여자의 순으로 죽어갔다.

유대인들이 강한 이유도 그들이 살아온 환경에서 찾는 학자들도 많다. 여기서 유대인들이 살아온 환경을 잠시 짚어보자.

로마 지배하에 있던 이스라엘은 로마의 폭정에 항거하여 여러 차례 반란을 일으켰다. 그중 AD 66년의 1차 반란과 AD 135년에 있었던 2차 반란이 규모가 가장 컸다. 로마의 입장에서는 반란이었지만 유대인들의 입장에서는 독립을 위한 투쟁이었다. 유대인들의 반란이 쉽게 진압되지 않자, 명장 율리우스 세베루스 장군이 들어가 반란을 진압하고서 예루살렘에 있던 유대인들을 모두 추방해 버렸다. 그후 유대인들은 1800년 동안 세계를 떠돌면서 유랑생활을 해야 했다. 이것이 1948년 이스라엘로 독립하기까지 이어진 것이다.

그러나 세상 어느 곳에서도 유대인을 환영하는 나라는 없었다. 세계 각국을 떠돌던 유대인들은 땅을 소유할 수도 없었고, 직업도 마음대로 가질 수 없었다. 자영업도 현지인들과 상충되는 업을 할 수 없었다. 그들이 할 수 있는 일은 의사나 학자가 되거나 고리대금업뿐이었다. 유대인들은 이때부터 돈에 대한 애착을 갖기 시작했다. 오직 돈만이 자신들을 지켜줄 수 있다고 믿었다. 유대인들이 월가를 점령한 것도 금융에 대한 깊은 노하우를 가지고 있기 때문이다. 유대인들이 돈을 벌면 벌수록 더욱 미운털이 박혔다.

유대인들이 얼마나 미웠으면 히틀러 치하의 독일에서는 유대인 6백만 명이 가스실에서 죽었고, 셰익스피어의 작품에 등장하는 고리대금업자가 모두 유대인들이었다. 얼마나 미움을 받았는지 알 수 있는 대목이다. 또 유대인들의 피는 혼인을 통해 다양한 인종들과 섞였다. 유대인들의 족보를 보면 독일계 유대인, 폴란드계 유대인 하는 식으로 다양한 민족들과 DNA가 섞여 있다.

가혹한 환경에서는 종은 다양화로 진화한다. 유대인들은 다양한 민족들과 피를 섞으면서 형질이 창의적인 형태로 진화했다. 우리가 이름을 대면 알 법한 세계적인 유명인사들에게는 거의 유대인의 피가 흐르고 있다.

세계 인구의 0.25%에 불과한 유대인들이지만 노벨상의 30% 정도가 유대인들의 몫이며 특히 노벨 경제학상만 보면 거의 60%가 유대인들이다. 세계적인 부자의 절반 정도가 유대인이며, 미국 월가를 사실상 지배하고 있는 것도 유대인들이고, 미국의 3대 방송사 소유주도 모두 유대인들이다. 유대인 유명인사는 일일이 열거하기도 힘들 정도이다.

하나 더 재미있는 것은 거의 2천 년 동안 유대인들이 세계를 떠돌았지만 그들이 들어가는 나라는 모두가 부흥했고 그들이 떠나는 나라는 곧 몰락했다는 사실이다.

 이질적인 DNA 충돌의 사례로 미국을 드는 사람들도 많다. 1, 2차 세계대전을 전후한 시기의 미국은 대대적으로 다른 민족의 이민을 받아들였다. 원래 미국은 이민으로 출발한 나라였기에 이민족에 차별이 없었다. 여기는 물론 유대인들이 가장 많았다. 모두가 반대하는 유대인들을 미국이 환영했기 때문이다. 전쟁 이후 미국이 빠른 발전을 할 수 있었던 것도 다양한 피와 다양한 생각을 가진 사람들이 서로 부대끼면서 고도의 창의력을 발휘했다는 이야기이다.

: 인류의 발전도 단속평형

 인류가 살아온 과정도 다분히 개구리 뜀뛰기와 같은 단속평형적인 형태였다. 현생 인류의 조상인 호모 사피엔스를 기준으로 보면 인류의 역사는 10만 년이 조금 넘는다. 그동안 인류는 서서히, 조금씩 발전하여 오늘에 이른 것이 아니라 몇 번의 큰 도약을 통해 오늘에 이른 것이다.

 10만 년의 역사 중 인류는 9만 년 이상을 나무 열매를 따고, 물고기를 잡으며, 동굴 속에서 원시적인 생활을 하면서 살았다. 그러다가 1만 년 전에 농사를 짓기 시작했고, 6천 년 전에 고대 문명을 일으켰다. 그리고 300년 전에 산업혁명을 일으켰고, 20세기가 끝날 무렵에 정보혁명, 디지털혁명을 시작했다.

오랫동안의 휴식과 그 뒤에 오는 짧은 도약이었다. 인류가 농사를 짓기 전후와 산업혁명이 일어나기 전후의 삶의 방식은 전혀 다른 것이었다. 디지털혁명 전후의 삶 역시 전혀 다른 모습이다.

민주주의가 금과옥조로 여기는 인권도 역사 이래 조금씩 누적되어 발전을 하기는 했지만 결정적인 쟁취는 한순간에 이루어졌다. 고대 국가 이래로 국가의 권력은 왕과 소수의 귀족들이 독식하는 구조였다.

고대의 권력 이론이었던 왕권신수설에 의하면 왕의 권력은 하늘이 내린 것이었다. 고대 이집트, 중남미, 동양, 유럽에서 왕권신수설이 널리 퍼져 있었다. 신정설은 종교적인 권위와 함께 왕의 정당성을 부여하는 근거가 되었다. 고대 이집트 문명이나 멕시코의 여러 문명에서 이러한 경우를 찾아볼 수 있다.

그러던 것이 17~18세기에 이르러 세 번의 큰 사건을 거치면서 민주주의가 탄생했다. 영국의 제임스 1세는 왕권신수설의 선두 제창자였으나 1688년에 명예혁명이 일어난 뒤, 왕권신수설은 사라지고 의회가 권력을 가지는 입헌군주제가 되었다. 이어서 미국 독립혁명과 프랑스혁명을 거치면서 자유와 평등을 쟁취했다. 이 세 사건이 모두 100년 사이에 일어났다는 점이 특이하다. 명예혁명(1688년), 미국 독립혁명(1776년), 프랑스혁명(1789년)이었다.

이 중 자유와 평등을 확실하게 쟁취한 것은 프랑스혁명이었다. 프랑스혁명은 루이 14세 치하의 사회적인 모순에서 비롯되었다. 루이 14세는 "짐은 국가다."라고 말한 전형적인 전제군주였다. 당시 프랑스 사회는 인구 2%에 불과한 제1계급(추기경 등 고위 성직자)과 제2계급(귀족)이 주요 관직을 독식하고 있었지만 이들에게는 세금이 면제되었다. 나머지 98%의 서민들은 무거운 세금으로 힘겹게 살아야 했다. 그러나 이들은 정치적 의사결정 과정에서는 철저히 배제되어 있었다. 이는 프랑스뿐 아니라 고대 국가 어디든 마찬가지였고, 지금도 그런 체제하에서 신음하고 있는 나라가 아직도 많이 남아 있다.

마침 미국에서 독립전쟁이 벌어지자, 프랑스는 영국을 견제하기 위해 미국 편에 서서 전쟁을 지원하느라 국고는 파산 지경에 이르렀다. 루이 14세의 손자 루이 16세에 이르러 세금은 더욱 무거워졌다. 국가의 재정이 바닥나다 보니 이제 특권신분에게도 과세를 할 수밖에 없었다. 이에 귀족과 성직자들이 심하게 반발하였고, 다시 이에 분노한 파리 시민들이 정치범 수용소인 바스티유 감옥을 습격하면서 혁명이 시작되었다.

이 혁명으로 루이 16세와 그의 아름다운 왕비 앙투와네트는 단두대에서 목이 잘렸다. 프랑스에서는 비로소 법 앞의 평등이 실현되었고 인간의 자유와 평등, 국민 주권, 법 앞의 평등, 사상의 자유, 과세의 평등, 소유권의 신성 등 새로운 질서의 기본 원칙이 확립된 것이다.

• 세상 읽기 시크릿 07 •
인간의 본질과 행동 패턴

 세상의 본질에 대한 사유 혹은 철학이 처음 탄생한 곳은 그리스 해안 이오니아 바다의 항구도시 밀레토스였다. 이곳에서는 인류 최초의 철학자요, 과학자요, 수학자요, 천문학자였던 탈레스가 태어났다. 또한 아낙시만드로스, 아낙시메네스, 크세노파네스, 헤라클레이토스, 엠페도클레스와 같은 자연철학자들도 태어났다. 이웃한 사모스 섬은 수학자 피타고라스가 태어난 곳이다. 소크라테스 이전의 철학자는 모두 이곳 출신이었다.
 그후 아테네에서 소크라테스가 등장하면서 학문의 주도권이

본토로 넘어갔고 플라톤, 아리스토텔레스 등의 철학자들이 그 뒤를 이었다. 철학 외에도 수학, 생물학, 문학, 역사학, 의학 등 다양한 분야의 학문적 토대가 그리스에서 형성되었다. 이것이 서양 사상과 학문의 토대가 되었다(밀레토스는 당시에 그리스 땅이었으나 지금은 터키의 영토가 되었다).

: 그리스적 사유의 탄생

그리스에서 철학과 학문이 가장 발달한 이유로 학자들은 보통 이질적인 문화가 충돌하는 지리적 위치, 신과 전제군주로부터의 자유, 토론과 논쟁을 좋아하는 그리스인들의 기질 등을 든다. 해상무역을 통해 부富를 축적하면서 사유의 시간을 가질 수 있는 유한계급이 존재했던 것도 학문이 탄생할 수 있는 토양이 되었을 것이다.

먼저 지리적 위치를 보자. 모든 창조적인 발상은 이질적인 요소들 간의 충돌에서 태어난다. 서로 다른 것들이 충돌하고 갈등하면서 탄생하는 것이 창조력이다. 그리스 문명의 발상지가 된 이오니아의 항구도시 밀레토스가 그러했다. 밀레토스는 동쪽으로는 바빌로니아, 서쪽으로는 남부 이탈리아의 그리스 식민지

도시들, 남쪽으로는 이집트, 북쪽으로는 흑해를 끼고 있는 해상 교역의 중심지였다.

동서양의 사고가 충돌하는 지역이기도 했다. 그런 탓에 육지로는 바빌로니아, 라디아, 페르시아, 바다로는 이집트로 자유롭게 여행을 하면서 그곳의 사유와 문물을 받아들였다. 이것이 최초의 철학을 탄생시킨 지리적인 배경이 되었다.

신과 전제군주로부터의 자유를 보자. 그리스에는 사람 수만큼이나 신들이 많은 신화의 나라이다. 그들은 신전을 세우고 전쟁의 승리를 점치기 위해 신탁을 받기도 했지만, 그리스 신들은 다른 종교의 신들과는 달리 신을 완전무결한 존재로 보지 않았다. 그리스 신들은 사람과 마찬가지로 욕망을 가진 존재들, 남을 속이고 질투하는 신들이었다. 인간과 다른 점이 있다면 죽지 않는다는 점뿐이었다.

그리스 신화에서 보면 그리스 최고의 신 제우스는 지독한 바람둥이로 묘사되고 있다. 이 때문에 아내 헤라와 불화가 끊이지 않았다. 그는 마음에 드는 여신이나 여인들을 만나면 모두 욕심을 채웠다. 정욕을 채우기 위해 때로는 동물로 변신하기도 하고 심지어 여인의 남편으로 변신을 하기도 했다. 다나를 범할 때는 금비로 변신했고, 레다를 범할 때는 백조로, 이오를 범할 때는 구름으로, 아이기나를 범할 때는 독수리로 변신했다. 암피트리온 장군이 전쟁에 나가 있는 동안에 그의 아내 알크메네를 탐낸 제우스는 그녀의 남편으로 변신하여 동침을 한 다음, 아들을 낳으니 그가 헤라클레스였다.

아마도 다른 종교에서 자신들이 섬기는 신을 그런 모습으로 묘사한다는 것은 상상조차 할 수 없는 일일 것이다. 신에 대한 두려움에서 자유로웠다는 이야기이다. 이처럼 무수히 많은 신들에 대한 자유로운 상상이 그리스의 사유를 탄생시키는 계기가 되었다.

다음으로 그리스에는 전제군주가 없었던 이유를 보자. 그리스 반도는 남유럽 발칸 반도 끝자락에 위치해 있어 험준한 산맥이 자연스럽게 반도를 여러 지역으로 나누었다. 본토의 남쪽으로는 지중해, 동쪽은 에게해, 남서쪽으로는 이오니아해가 펼쳐져 있고 1,400여 개에 달하는 섬들이 바다에 떠 있는 구조이다. 이처럼 밖으로 열린, 분리가 용이한 구조였기에 강력한 중앙집권적인 전제군주의 출현이 어려웠다. 이러한 지리적 요건이 도시 국가와 민주주의가 꽃피울 수 있는 환경이 되었던 것이다.

그리스인들의 기질도 한몫을 했다. 그리스인들은 즉흥적이고 다혈질이며 토론과 따지기를 좋아한다. 무엇 하나 대충 넘어가는 일이 없다. 식당이나 카페에 모여 정치나 운동 경기와 같은 화제로 열띤 논쟁을 펼친다. 이럴 때 그들은 자신의 주장을 쉽게 양보하지 않는다. 그들의 문화에 익숙하지 않은 외국인이 보면 싸우는 것으로 착각할 정도이다. 격렬한 토론에도 불구하고 상대방을 모욕하거나 주먹질로 발전하는 일은 거의 없다. 논리적으로 따질 때, 이성을 잃고 흥분하면 그것으로 승부는 결정되기 때문이다.

로마 사람들은 그리스인들 열 명이 모이면 열한 가지 의견이 나오는 민족이라고 말한다. 이런 토론 문화가 철학을 낳았고 민주주의의 토양이 되었다. 그러나 일단 의견이 모아지면 언제 논쟁을 벌였냐는 듯 하나가 된다. 이것이 그리스인의 기질이다.

밀레토스의 철학자 탈레스는 최초의 수학자, 천문학자이기도 했다. 이집트 여행 시에는 피라미드 옆에다 지팡이를 땅에 꽂아 지팡이의 그림자와 피라미드의 그림자를 비례적으로 계산하여 피라미드의 높이를 측정한 수학자였다. 또 기원전 585년 5월 28일에 개기일식이 있을 것이라고 예언했던 천문학자이기도 했다. 물론 그의 예언은 들어맞았다.

밤하늘의 별을 관찰하느라 하늘을 쳐다보며 걷다가 웅덩이에 빠진 적도 있었다. 그러자 하녀가 하늘의 이치는 알면서 발밑의 웅덩이는 모른다고 놀리기도 했다. 사람들이 하늘의 이치는 알면서 왜 돈은 한 푼도 벌지 못하느냐고 놀리자, 그해 올리브 풍년이 들 것을 예측한 그는 올리브 착유기(기름 짜는 기계)를 모두 사들여 큰돈을 벌어 보이기도 했다.

그렇다면 당시 밀레토스보다 더 문명이 발달했던 이집트와 바빌로니아는 '왜 철학이 탄생하지 못했는가?' 하는 문제도 신과 전제군주의 존재가 걸림돌이 되었다. 이집트나 바빌로니아에서는 전제군주와 절대적인 신이 있어서 사유의 자유가 허락되지 않았다. 백성들이 생각의 자유를 가진다는 것은 왕권과 신권에 대한 침해라고 여겼던 것이다.

이집트나 바빌로니아 모두 수학과 천문학이 발전했지만 이들은 실용적인 목적에 국한되었다. 이집트인들은 기하학은 토지 측량이나 피라미드 건설에 필요한 실용적인 목적으로만 활용했을 뿐 이것을 학문으로 이어 가지는 못했다. 사유의 자유가 억제되는 곳에서는 창의적인 사고가 불가능하다는 의미이다.

: 대립과 갈등 그리고 로고스

탈레스는 만물의 근원을 '물'이라고 생각했다. 끝없이 펼쳐진 지중해와 에게해 바다가 영향을 주었을 것으로 보인다. 그는 세상을 바다 위에 떠 있는 일종의 섬이라고 생각했다. 물론 만물의 근원이 그가 생각했던 것처럼 물은 아니었지만 세상의 본질을 신이 아닌 물질에서 찾았다는 점에서 위대한 것이다.

역시 밀레토스의 철학자 아낙시만드로스는 만물의 근원을 아페이론(apeiron: 무한한 것)이라고 생각했다. 아낙시메네스는 '공기', 크세노파네스는 '흙'이라고 주장했다. 헤라클레이토스는 만물의 근원을 '불'이라고 주장했다. 엠페도클레스는 이들의 주장을 묶어 만물의 근원은 물, 불, 공기, 흙이라면서 이 4원소들이 사랑과 미움에 의해 이합집산되는 과정이 만물의 생멸이라고 보았다. 피타고라스는 만물의 근원을 '수'라고 생각했으며 데모크리토스는 '원자'라고 생각했다.

그리스 철학의 완성자 아리스토텔레스는 엠페도클레스의 4원소에 '에테르'를 더하여 그리스 자연철학을 완성했다. 물은 차갑고 습한 성질을 가지며, 불은 뜨겁고 건조하다. 흙은 차갑고 건조하며, 공기는 뜨겁고 습한 성질을 가진다. 여기에 추가되는 제5원소인 에테르는 우주 공간을 메우고 있는 완전한 물질로 빛을 전달해주는 매질이라고 생각했다.

아리스토텔레스의 이러한 생각은 중세의 연금술에 불을 댕겼다. 그의 이론이 맞는다면 값싼 납으로 금을 만들 수 있어야 한다. 그래서 많은 사람들이 생애를 바쳐 연금술에 매달렸다. 역설적으로 연금술은 금을 만들어내지는 못했지만 과학, 특히 화학의 발전에 결정적인 기여를 했다.

만물이 물, 불, 공기, 흙으로 이루어진 것이라면 물을 끓이면 흙이 남아야 할 것이다. 18세기 프랑스 화학자 라부아지에는 아리스토텔레스의 주장에 의문을 품고 물의 증류 과정을 반복해도 흙으로 변하지 않는다는 것을 밝히면서 아리스토텔레스의 이론은 흔들리기 시작했다. 독일 화학자 프리스톨과 라부아지에에 의해 산소가 발견되고, 19세기 초반 화학자 보일에 의해 공기는 원소가 아니라 여러 기체들의 혼합물임이 밝혀지면서, 아리스토텔레스의 4원소설은 공식적으로 폐기되었다.

여기서 만물의 근원을 불이라고 주장했던 헤라클레이토스의 주장을 다시 보자. 헤라클레이토스는 만물의 근원을 '불'이라고 했으나 그가 말한 불은 물질이 아니라 '변화'를 상징하는 것이었다. 불은 만물을 태우면서 변화시키고 자신도 변한다. 그래서 그는 '만물은 유전한다(panta rhei: 판타레이)'며 세상에 변하지 않는 유일한 진리가 있다면 '모든 것은 변한다'는 사실뿐이라고 말했다.

헤라클레이토스는 변화를 일으키는 원인으로 '대립과 갈등'을 들었다. 빛과 어둠, 사랑과 미움, 전쟁과 평화, 삶과 죽음, 선과

악, 뜨거움火과 차가움水, 강함과 부드러움, 높은 곳과 낮은 곳, 있음과 없음의 대립과 갈등이다. 화살이 뒤로 당길 때에만 앞으로 나아갈 수 있듯이 상반되는 요소들의 대립이 세상의 변화를 만들어낸다. 그래서 그는 "싸움은 만물의 아버지요, 다툼은 정의이다."라고 말했다.

그러나 겉으로 보기에 상반되는 대립 요소들은 서로에게 존재를 의존하면서 내면적으로는 조화를 이룬다. 밤이 있기에 낮이 존재하는 것이며, 깊은 계곡이 있기에 높은 봉우리가 아름다울 수 있다. 아름다운 음악은 소리의 높낮이, 강약, 느리고 빠름의 조화이다. 이 상반되는 요소들은 대립적이면서도 서로를 끌어당긴다. 양의 기운이 강하면 음의 기운을 끌어들이고 음의 기운이 강하면 양의 기운을 끌어들인다.

미인 주위에 남자들이 많은 것과 같다고 하면 비약일까? 동남아 국가들을 여행하다 보면 가장 더운 시간인 오후 1시 전후에 한줄기 소나기가 쏟아진다. 스콜이라고 불리는 소낙비다. 강한 양의 기운이 음의 기운을 불러들인 결과이다. 요즘 우리나라의 기후도 여름에는 무덥고 겨울에는 혹한이 이어진다. 역시 음과 양이 서로를 끌어 들인 탓이다. 이처럼 서로 상반되는 요소들의 조화의 이치를 그는 '로고스$_{logos}$라고 불렀다. 로고스는 우주에 내재하면서 우주의 변화를 이끌어내는 원리이다.

기독교의 핵심 교리인 '말씀'도 헤라클레이토스가 말한 그리스어 '로고스'를 그대로 번역한 것이다.

사도 요한은 자신의 복음서 첫 구절을 '말씀'으로 시작하고 있다.

"태초에 말씀이 계시니라. 이 말씀은 하나님과 함께 하셨으니 이 말씀이 곧 하나님이시라. 그가 태초에 하나님과 함께 계셨고 만물이 그로 말미암아 지은 바 되었으니 지은 것이 하나도 그가 없이는 된 것이 없느니라."

우주에 내재하면서도 만물을 변화시키는 원리인 로고스는 기독교 신앙을 한마디로 표현하기에 아주 적합한 개념이었을 것이다. 사도 요한은 로고스의 원래 개념에서 한발 더 나아가 로고스를 하나님 혹은 예수 그리스도와 동일시하고 있다. 사도 요한은 예수 사후에 예수의 어머니 마리아를 에베소스로 모시고 가서 살면서 요한복음을 썼다. 그곳은 로고스의 철학자 헤라클레이토스가 태어나고 자란 곳이어서 사도 요한 역시 헤라클레이토스의 영향을 받은 것으로 보인다.

그리스 철학을 완성한 아리스토텔레스는 물리학자, 생물학자, 천문학자, 논리학자였다. 한마디로 만물박사였다. 그의 사상들은 거의 1500년 동안 서양 학문과 사상의 구심점이 되었다. 그의 천동설, 4원소설, 낙하의 법칙이 깨지기까지는 많은 세월이 필요했다.

아리스토텔레스의 이론 체계는 단선적인 논리였다. 그에 의하면 'A=B'라는 명제가 있다면 이것은 참이거나 거짓 둘 중 하나이다. 그러나 헤라클레이토스에 의하면 모든 사물은 서로 연결되어 있으며 고정된 실체란 없다. A는 B일 수도 있고 B가 아닐 수도 있다. 아리스토텔레스가 보기에 하나의 명제가 참일 수도 있고 거짓일 수도 있다는 헤라클레이토스야말로 이상한 사람임에 틀림없었다.

그는 이렇게 적고 있다.

"헤라클레이토스는 인격적으로 문제가 있음에 틀림없다. 생물학적으로도 무언가 잘못된 사람이다. 그가 그토록 모호하고도 역설적으로 말하는 것은 그 때문이다."

그러나 아리스토텔레스의 단선적인 논리는 현대 물리학에 이르면 완전히 무너지고 만다. 양자역학에 의하면 빛은 입자이며 동시에 파동이다. 또 소립자 세계에서는 입자의 위치를 알면 속도가 모호해지고 속도를 알면 위치가 모호해진다. 현대 물리학에 이르러 서양의 과학자들이 충격을 받은 이유는 오랫동안 아리스토텔레스적인 사고방식에 익숙해져 있었기 때문이다.

아리스토텔레스의 생각이 분석적이라면 헤라클레이토스의 생각은 통합적 사고였다. 이는 부분과 전체의 문제이자, 기계론적이자 생태학적인 패러다임의 문제이기도 하다.

: 유위와 무위

서양 철학자들 대부분이 물질에서 세상의 본질을 찾았던 것에 비해, 동양 사상가들은 변화 자체를 세상의 본질로 보았다. 주역周易은 세상 변화의 이치를 다룬 것으로 역易이라는 글자 자체가 해日와 달月이 합성된 글자이다. 곧 태양과 달이 뜨고 지면서 계절을 만들어가듯이 음과 양이 차고 기울면서 세상을 변화시킨다. 음의 기운이 절정인 순간에 양의 기운이 시작되고, 양의 기운이 절정인 순간에 음의 기운이 시작된다. 그러나 이 둘은 밤과 낮처럼 둘이 아니고 같은 것의 다른 모습일 뿐이다.

인도의 명상가 라즈니쉬는 세상은 로직이 아니라 로고스이며, 카오스가 아니라 코스모스라고 말한다. 그는 서양 사람들이 헤라클레이토스를 받아들였다면, 인류는 훨씬 더 풍요한 정신적인 유산을 물려받을 수 있었을 거라며 아쉬워하고 있다. 그는 헤라클레이토스야말로 서양의 붓다였으며 노자였다고 말한다. 붓다가 세상의 본질을 공空에 둔 것이나 노자가 무위無爲에 둔 것과 같다. 이 세 사람이 살았던 시기도 기원전 5세기 전후로 일치하고 있어 흥미롭다.

노자는 세상을 움직이는 이치를 도道라고 보았다. 도란 형상도 없고, 소리도 없으며, 경험할 수도 없고, 언어로 표현할 수도 없다. 그래서 무無다. 도는 천지만물과는 달리 어느 것에도 존재를 의존하지 않고 스스로 존재한다. 그래서 '스스로 있음' 곧, 자연自然인 것이다. 천지만물을 존재하게 하면서도 간섭하거나 지배하려 하지 않기 때문에 동시에 무위無爲인 것이다.

그는 도를 유와 무의 관계, 즉 본질과 형상의 통일로 보았다. 여기서 무는 단지 없는 것이 아니라 시작의 의미이며, 존재하지 않음이 아니라 움직임의 근원이다. 수레바퀴의 동력이 나오는 중심부는 텅 비어 있는 것이다. 있음과 없음, 길고 짧음, 높고 낮음, 앞과 뒤, 강함과 부드러움, 화와 복 등 세상 모든 것이 대립 과정을 통해 변화한다고 생각했다.

노자는 도덕, 법, 국가 권력과 같은 인위적인 것들이 너무 많기 때문에 세상이 혼란스럽다고 보았다. 법령이 많을수록 도둑이 늘어나고 백성들의 삶이 어려워진다. 따라서 인위적인 것들은 적을수록 좋으며 자연의 순리에 맡기면 모든 것이 저절로 해결되리라는 입장이었다.

노자는 정치를 생선 굽는 것에 비유했다. 생선을 굽는다고 자꾸만 뒤집으면 생선은 모두 부스러지고 만다. 저절로 익도록 가만히 내버려 두라는 것이다. 노자의 이런 사상을 무위無爲라고 한다면 인간다움을 위해 수많은 것을 실천해야 하는 공자의 가르침은 유위有爲에 해당된다.

사마천의 사기에 나오는 이야기이다. 공자가 천하를 주유하던 중 신비스러운 노인이 있다는 말을 듣고 노자를 찾았다.

공자가 물었다.

"예禮에 대해서 어떻게 생각하시는지요?"

노자가 답한다.

"그대가 예로써 우러러 받드는 사람들은 이미 죽어 뼈조차 썩어 없어졌으며, 이제 그들의 흔적이라고는 오직 쓸데없는 말만 남아 있을 뿐이오. 군자는 때를 만나면 벼슬길에 오르지만, 때를 만나지 못하면 시골에 숨어 살아야 하오. 좋은 상인이란 어떠하오? 자신이 지닌 재산의 어느 하나 자랑하지 않고, 그저 아무것도 없는 것처럼 숨기는 이가 좋은 상인이오. 군자도 마찬가지요. 설혹 속에 많은 덕을 지니고 있더라도 밖으로 드러나는 표정은 바보처럼 어리석게 보여야 하오. 그런데 그대는 어떠하오? 만일 그대가 진정한 군자가 되려면, 당장에 잘난 척 뽐내는 짓과 욕심과 남에게 잘 보이려고 얌전을 떠는 표정과 가슴에 품고 있는 포부까지도 다 버리시오. 그 모든 것들은 그대에게 하등 이로울 것이 없소. 그대가 나에게 물은 예에 대해서 내가 해줄 말은 그게 다요."

문답을 마치고 돌아와 공자가 제자들에게 말한다.

"새는 공중을 날고, 물고기는 물에서 놀며, 짐승은 들판을 뛰어다닌다. 뛰어다니는 짐승은 그물로 잡을 수 있고, 물고기는 낚시로 낚을 수 있고, 날아다니는 새는 화살로 떨어뜨릴 수 있다. 그러나 용은 바람이나 구름을 타고 하늘 높이 올라가기 때문에 아무도 그 정체를 알 수 없다. 내가 오늘 만난 노자가 바로 그 용과 같은 분이다."

세상을 있는 그대로 가만히 내버려 두면 질서가 잡히고 평화가 온다는 것이 노자의 생각이었다면 공자는 모든 사람들이 인仁이나 예禮와 같은 덕으로 무장하면 세상이 평화로워질 것이라고 믿었던 듯하다.

물론 공자의 이야기가 틀렸다는 것은 아니다. 임금이 인으로 선정을 베풀고, 백성들이 충심으로 임금을 섬기면 나라에 평화가 올 것이다. 그러나 이는 평화 시에도 지극히 실천하기가 어려운

일인데, 춘추전국시대와 같은 난세에 그런 주장이 먹힐 리가 없었다. 공자는 자신의 이론을 들고 14년 동안 위衛, 조曹, 송宋, 정鄭, 진陳을 찾았고 다시 채蔡, 초楚 등 여러 나라를 찾아다녔지만 늘 찬밥 신세를 면치 못했다. 유랑 도중에 정나라 성문 앞에서 서성거리던 공자를 보고 상갓집 개와 같다는 혹평을 듣기도 했다.

결국은 나이 69세에 고향으로 돌아와 제자들을 가르치면서 생을 마쳤다. 공자가 다시 살아난 것은 후대 한나라 때였다. 진나라를 멸망시키고 중국을 통일한 한나라는 안정된 국정 철학이 필요했다. 공자의 사상은 바로 평화 시의 철학으로는 안성맞춤이라는 이야기이다.

헤라클레이토스나 노자의 사상은 불교의 반야심경과도 일치하고 있다. 반야심경의 핵심적인 사상은 색즉시공 공즉시색色卽是空 空卽是色에 나타난다. 여기서 말하는 공空은 에너지상태이기 때문에 보이지 않을 뿐 없음이 아니며, 색色은 형체를 가진 물질의 세계지만 언제든 다시 공으로 돌아갈 수 있는 것이다.

이러한 사상은 서양의 철학자 라이프니츠나 아인슈타인의 생각과도 일치한다. 라이프니츠는 '0'과 '1'로 세상을 설명하려 했다. '0'은 '없음'이요 '1'은 '있음'을 상징한다. 이 둘의 조화가 세상을 만들어낸다는 생각이었다. 오늘날 디지털의 원리 역시 0, 1

두 숫자의 조합으로 구성되어 있다. '1'은 'YES'이며 '0'은 'NO'를 가리킨다. 라이프니츠는 주역에도 밝았던 것으로 알려지고 있다. 라이프니츠뿐 아니라 융, 헤르만 헤세, 괴테, 예이츠, 아르헨티나의 작가 호르헤 루이스 보르헤스도 주역에 상당한 조예를 가졌던 것으로 알려지고 있다.

아인슈타인의 이론에 의하면 에너지는 언제든 물질로 바뀔 수 있고 물질 또한 언제든 에너지로 바뀔 수 있다. 에너지는 형체가 없으므로 '0' 혹은 '없음'이며 물질은 '1' 혹은 '있음'이 된다. 곧 색즉시공 공즉시색인 것이다.

: 이분법을 넘어서

여기서 잠시 보르헤스에 관해 알아보자. 보르헤스는 주역을 스페인어로 번역하여 헌시를 쓰고 유럽 사람들에게 주역의 전도사 역할을 했던 인물이다. 1990년대에 우리나라에서도 그의 대표작 《알레프》, 《미다스의 노예들》 등 여러 작품이 소개되면서 보르헤스 붐을 일으켰던 포스트모던과 후기 구조주의의 원조로 추앙되고 있는 작가였다. 그는 남미의 노벨 문학상 작가 마르케스, 이탈리아 작가 움베르트 에코, 푸코, 데리다 등의 정신적 스승이기도 했다. 움베르트 에코가 《장미의 이름》을 쓴 것도 보르헤스의 영향이었다. 이번에 266대 교황으로 선출된 프란시스코 교황이 가장 좋아하는 작가가 바로 보르헤스이다. 두 사람 모두 아르헨티나 출신이다.

아르헨티나의 부에노스 아이레스에서 태어나 형이상학적 오지를 탐험하면서 세상은 서양의 단선적 사고 혹은 논리적 사고가 얼마나 편협한지를 깨닫고 자신의 깨달음을 서구에 알린 전도사이기도 했다. 보르헤스가 서구인들에게 가르쳐준 것은 서구의 단선적 사유의 붕괴, 즉 주체와 객체, 자아와 차아를 가르는 이분법의 붕괴였다.

보르헤스의 이런 사상은 불교사상과 밀접한 관계를 맺고 있다. 그는 붓다가 깨달음을 얻는 순간 자신에게 주어진 시공간을 뛰어넘어 우주와 합일이 되는 장면에서 큰 감동을 받았다.

《보르헤스의 불교강의》에서 그는 이렇게 적고 있다.

"불교는 나에게 구원의 길이었다. 홀로 나무 아래 정좌해있는 싯다르타는 순간적으로 자신과 모든 중생의 수많은 전생을 보았다. 한눈에 우주 구석구석의 수많은 세계를 둘러보았다. 인과의 사슬도 모두 보았다."

보르헤스의 사상은 라이프니츠나 현대 물리학의 우주론과 맞닿아 있다. 그는 불교에서 말하는 업을 날줄과 씨줄이 엮어내는 직조 과정과 같은 것으로 생각했다. 인연이 엮이어 가는 과정 말이다.

《끝없이 갈라지는 길들이 있는 정원》에서는 그는 공간적인 미로가 아닌 시간의 미로를 그리고 있다. 지금 서재에서 책을 읽고 있는 나와 밖에서 친구들과 어울리고 있는 또 다른 내가 동시적으로 존재하면서, 이 둘은 각각 갈래 길에 서 있다. 여기서는 확률적으로 4가지 세상이 동시에 전개될 수 있다. 어느 하나를 선택하는 순간 실제로 존재하는 우주가 된다. 보르헤스가 말하는 시간의 미로는 라이프니츠의 우주론과 현대 물리학에서 말하는 평행우주론에 맞닿아 있다.

그는 《순환적 시간》에서 영겁회귀의 개념을 정리하고 있다. 유사하지만 동일하지는 않은 주기로 순환한다는 생각이었다. 한 번 일어난 사건은 끝없이 반복되고, 변형되며, 확장한다고 말한다. 돌도끼를 들고 싸우던 인간들은 칼로, 총으로, 대포로, 이제는 핵무기로 변형되었을 뿐 싸움은 영구히 반복되는 것이다.

보르헤스는 생의 절반은 밝은 빛을 보며 살았고 나머지 절반은 어둠 속에서 살았다. 독서를 너무 많이 한 탓으로 서서히 눈이 멀었다. 작가로서의 그의 능력을 인정한 아르헨티나 정부는 눈이 멀어가는 그에게 중앙도서관장 자리를 주었다. 그러나 페론

정부가 들어섰을 때, 페론 정부의 포퓰리즘에 반대한다는 이유로 그는 '승진'되었다. 곧 중앙도서관장 자리에서 한 단계 더 높은 소시장의 검사관으로 승진한 것이다. 보르헤스는 죽을 때까지 이 치욕을 잊지 않았다고 한다.

그가 도서관장으로 있을 때의 일화다. 시내의 조그만 서점에서 일하던 알베르토 망구엘이라는 열다섯 살 소년이 있었다. 보르헤스는 늘 퇴근길에 들러 책을 구입했으나 이때는 이미 책을 읽을 수 있는 시력이 아니었다. 보르헤스는 소년에게 말했다.

"얘야, 우리 집에 와서 책 좀 읽어 주겠니?"

이것이 인연이 되어 소년은 1964년부터 68년까지 4년 동안 거장 보르헤스와 함께 책을 읽었다. 그리고는 보르헤스가 읊는 대로 시를 받아 적기도 했다. 여기서 쌓은 경험으로 그 소년 역시 세계적인 저술가의 반열에 오르게 되었다.

: 햇빛 아래 쓰는 역사, 달빛 아래 쓰는 역사

그리스 신화에는 성격이 정반대인 두 신이 등장한다. 아폴론과 디오니소스이다. 아폴론은 태양의 신으로 이성과 질서와 조화를 상징한다. 여기에 비해 디오니소스는 포도주 신으로 이성보다는 감성, 질서보다는 무질서, 조화보다는 부조화의 상징이다.

아폴론이 이성적이고 제도적인 신이라면 디오니소스는 감성적이고 자유분방한 신이다. 아폴론이 문명의 신이라면 디오니소스는 원초적 욕망의 신이다. 아폴론이 균형 잡힌 신체나 조형물을 상징한다면 디오니소스는 질서가 없는 카오스의 세계이다. 아폴론이 낮이라면 디오니소스는 밤이다. 아폴론이 이지적이라면 디오니소스는 한마디로 쾌락과 황홀경을 추구하는 신이었다. 이성과 광기인 것이다.

올림픽과 월드컵, 어느 것이 더 재미있을까? 사람에 따라 다르겠지만 개인적으로는 월드컵이 더 재미있다. 올림픽이 이성적인 행사라면 월드컵은 다분히 감성적이다. 올림픽이 냉철한 머리로 관전하는 거라면 월드컵은 가슴으로 느끼는 것이다. 스포츠뿐 아니라 모든 것에 가슴으로 느끼는 감동이 있어야 격이 맞는 것이다. 그래서 모든 예술에는 디오니소스적인 요소가 들어있다.

제우스의 아들이기도 한 아폴론은 그리스 신들 가운데 가장 잘생긴 신임에도 불구하고 사랑에는 번번이 실패하고 만다. 아폴론은 에로스가 쏜 사랑의 화살을 맞고 강의 신 페네오스의 딸인 다프네를 보고 사랑에 빠졌다. 아폴론이 다프네에게 구혼했지만 그녀는 에로스가 쏜 증오의 화살을 맞았기 때문에 아폴론을 보자마자 기겁을 하면서 숲속으로 달아났다. 아폴론은 숲속으로 달아나는 다프네를 추격했다. 그러자 다프네는 대지의 여신 가이아에게 구원해달라고 소리쳤다. 가이아는 다프네를 월계수 나무로 변하게 하여 아폴론의 추격에서 피할 수 있게 해주었다.

트로이 왕 프리아모스의 딸이었던 카산드라는 아폴론의 구애를 거절한 끝에 아무도 그녀의 예언을 믿지 않게 되는 벌을 받았다. 아폴론이 사랑했던 소년 히아킨토스는 서풍의 신 제피로스가 시기하여 아폴론이 던진 원반을 바람에 날려 맞아 죽게 하였다. 모두가 그런 식이었다.

그리스 신화는 어째서 아폴론의 사랑을 모두 불행한 것으로 표현했을까?

여기에 낮과 밤의 비밀이 숨어 있다. 아폴론은 태양의 신으로 낮을 상징한다. 그러나 역사는 낮에만 이루어지는 게 아니다. 전쟁의 역사가 햇빛 아래서 쓰인 거라면 사랑의 역사는 달빛 아래서 쓰인다. 새로운 생명은 밤에 창조된다는 진리를 비유적으로 설명한 것이다. 아폴로의 사랑은 그래서 이루어질 수 없었던 것이다. 인간의 삶 역시 냉철한 이성으로만 이어갈 수 없다.

니체는 《비극의 탄생》에서 그리스 비극의 구성 패턴을 두 신으로 비유하고 있다. 아폴론적인 질서, 조화, 균형 잡힌 아름다움에다 디오니소스적인 감성을 입힌 것이 그리스 비극이다. 그리스 비극 속에서 아폴론적인 요소들과 원초적인 본능, 익명성, 무질서 등 디오니소스적인 요소들이 투쟁하는 모습이다. 그리스 비극이 두 요소의 조화를 갖추고 있기에 지금도 많은 사람들의 사랑을 받고 있는 것이다.

아폴론은 제우스의 아들이었지만 본처 헤라의 몸이 아닌 레토와 바람을 피워서 태어난 쌍둥이 남매 중의 아들이었다. 레토는 자신이 낳은 아들이 아버지 제우스 다음으로 권력을 누리게 될 거라는 예언을 받았다. 이 소식을 전해 들은 헤라는 질투가 하늘을 찔렀다. 그리하여 델포이 신전을 지키고 있던 괴물 뱀 피톤으로 하여금 레토가 햇빛이 닿는 곳 어디에서도 해산을 하지 못하도록 방해하라는 명령을 내렸다. 또 레토를 받아들이는 땅에는 저주를 내릴 것이라고 선포했다.

출산이 임박하자 레토는 곤경에 처했다. 헤라의 저주를 받을 것을 두려워하여 어느 곳에서도 레토를 받아 주려 하지 않았기 때문이다. 해산할 장소를 찾아 정처 없이 떠돌다가 마침내 오르티기아 섬에 당도하였다. 레토가 섬에 발을 딛자마자 바다의 신 포세이돈이 섬 위로 파도를 솟구치게 하여 햇빛을 막아 주었다. 여기서 레토는 딸 아르테미스를 낳을 수 있었다.

아르테미스를 낳은 레토는 다시 이웃한 델로스 섬으로 가서 아흐레 동안 진통을 겪으며 남은 아이를 낳으려고 애썼다. 그러나 헤라는 분만의 여신 에일레이티이아를 잡아 두고서 해산을 방해했다. 이에 보다 못한 무지개의 여신 이리스가 에일레이티이아에게 황금 목걸이를 뇌물로 주어 매수하였다. 이에 에일레이티이아는 이리스와 함께 비둘기로 변신해 델로스로 날아가 레토의 해산을 도왔다. 거기서 태어난 아들이 아폴론이었다. 아폴론이 태어난 지 나흘이 되던 날, 아버지 제우스는 아들에게 황금 왕관, 현악기 리라, 백조가 끄는 마차를 주며 델포이로 가라고 명령을 내렸다. 그곳에는 임신 중인 어머니를 괴롭혔던 괴물 뱀 피톤이 지키고 있었다. 아폴론은 피톤을 활로 쏘아 죽이고 그 자리에 자신의 신전을 세웠다. 그것이 아폴로 신전이었다.

그러나 신전을 차지한 아폴론은 일 년에 3개월 동안은 바람의 신 보레아스가 지배하는 최북단의 척박한 곳으로 가서 그곳에 있는 신비의 부족들과 지냈다. 아폴론이 자리를 비우는 3개월 동안은 디오니소스의 차지가 되었다. 이것은 사람은 아폴론적인 것만으로는 살 수 없다는 의미이다.

낮과 밤, 이성과 감성, 밝고 깨끗한 것과 어둡고 더러운 것, 맑은 정신과 광기 이 상반되는 요소들이 적절히 조화를 이루면서 펼쳐지는 것이 삶의 본질이기 때문이다. 일 년의 3개월은 1/4, 곧 25%에 해당된다. 깨어있는 시간의 3/4은 열심히 일하고 1/4은 먹고 마시고 사랑하라는 이야기이다.

그리스 신화나 그리스 비극이 2500년 지난 지금도 갈채를 받는 것은 이처럼 삶의 진리를 담고 있기 때문이다.

미국의 여성 문화인류학자 루스 베네딕트는 니체가 정립해놓은 아폴론과 디오니소스적인 구도를 문화 분석의 도구로 활용한 학자였다. 그것이 문화유형론이었다.

베네딕트에 의하면 문화란 관습과 가치들이 역사적으로 선택된 결과물이다. 그녀의 분석에 따르면 아메리카 평원에 사는 인디언들은 대부분 디오니소스적인 특질을 가지며 일상에서의 일탈을 가치 있는 경험으로 여긴다. 단식, 고행, 술 등을 통해 열광적인 상태에서 모험을 즐기는 전투적인 사람을 존경한다는 것이다.

반면 뉴멕시코 고원지대에 사는 인디언들은 매사 중용을 지키며 지나치거나 과도한 것을 경멸하는 문화라고 한다. 바로 아폴론적 문화유형이라는 것이다. 그 이유는 무엇일까? 평원에서는 먹고 마시고 즐기는 문화가 싹트기 쉬울 것이다. 그러나 고원지대는 삶 자체가 고단하다. 그래서 먹고 마시고 즐기는 것 자체를 죄악시 했던 게 아닐까 하는 생각이다.

베네딕트 여사는 《국화와 칼》이라는 저서로 우리에게 잘 알려져 있는 작가이기도 하다. 미국이 태평양 전쟁에서 승리를 굳혀갈 무렵이었다. 당시 일본에 대한 지식이 별로 없었던 미국은 전후 일본을 다스리기 위해서는 일본을 알아야 했다. 그래서 일본의 본질, 정체성이 무엇인지를 알 수 있는 책을 집필해달라고 부탁했다. 그렇게 해서 나온 책이 《국화와 칼》이었다. 국화가 평화, 의지, 일본인들의 심미주의를 상징한다면 칼은 무를 숭상하는 일본인의 특질을 상징하는 것이었다.

: 그리스 비극의 원형, 오이디푸스와 안티고네

눈먼 오이디푸스는 안티고네의 부축을 받으며 방랑의 길을 떠난다. 자신의 죄가 죽음으로도 도저히 씻을 길이 없어, 더 큰 고통을 받기 위해 방랑의 길에 오른 것이었다. 오이디푸스와 안티고네는 남매지간이기도 하고 아버지와 딸의 관계이기도 하다. 그리스 비극작가 소포클래스가 쓴 오이디푸스 이야기이다. 이 두 사람은 아마도 인간으로 태어나 가장 깊은 고뇌를 했던 사람일 것이다. 상상의 극한, 그것이 그리스 비극의 특징이다.

오이디푸스는 그리스의 도시 국가 테베에서 라이오스 왕과 이오카스테 왕비 사이에서 태어난 아들이었다. 그러나 그가 태어나기 전에 아들이 자라면 아버지를 죽일 것이라는 아폴론의 신탁을 받게 된다. 아들이 태어나자, 라이오스 왕은 아들의 발목을 묶어 멀리 산속에 버리라고 명령했다. 명령을 받은 부하는 오이디푸스를 이웃나라 코린토스의 산 속에 버렸다(차마 왕자를 버리지 못하고 이웃나라 목동에게 맡겼다는 이야기도 있다).

목동은 마침 아들이 없어 고민하던 코린토스의 왕에게 바쳤다. 오이디푸스는 그곳에서 왕자로 자랐다. 청년이 되었을 때, 오이디푸스는 자신이 왕의 친자가 아니라는 소문을 듣고 예언자를 찾아가 소문의 진위를 물었다. 예언자는 대답대신 더욱 엄청난 예언을 들려주었다. 오이디푸스는 장차 친 아버지를 죽이고 어머니와 결혼하게 될 거라는 예언이었다. 오이디푸스는 그 운명을 피하기 위해 코린토스를 떠나 테베로 향했다.

테베로 가는 좁은 길에서 마차를 만나 시비가 붙었다. 서로 길을 양보하라는 시비였다. 오이디푸스가 길을 비키지 않자 마부는 오이디푸스의 말을 죽여 버렸다. 화가 난 오이디푸스는 마부는 물론 마차에 앉은 늙은이마저 죽여 버렸다. 그가 자신의 친부인 라이오스 왕이었다. 그러나 오이디푸스는 알지 못했다.

테베 땅으로 들어가니 민심이 아주 흉흉해 있었다. 바로 괴물 스핑크스 때문이었다. 스핑크스는 길을 막고서 지나는 사람들에게 수수께끼를 내고 문제를 맞히지 못하면 사람들을 죽였다. 마침내 왕비 이오카스테는 스핑크스를 물리치는 사람에게 비어 있는 왕의 자리를 주고 자신도 그와 결혼하겠노라고 선포했다. 이에 오이디푸스가 나섰다.

스핑크스가 질문을 했다.

"아침에는 네 발, 낮에는 두 발, 저녁에는 세 발로 걷는 동물이 무엇이냐?"

"사람이다!"

이것으로 스핑크스를 물리친 오이디푸스는 테베의 왕이 되었고 왕비 이오카스테와 결혼했다. 여기서 태어난 자식들이 쌍둥이 아들과 딸 안티고네였다. 어느 해 테베에 역병이 창궐했다. 신탁에 물으니 라이오스 왕을 죽인 자를 찾아내어 복수를 해야 역병이 가라앉는다는 대답이었다. 이에 오이디푸스는 전국에 라이오스 왕을 죽인 자를 찾아내라고 명령했다.

그러는 동안에 오이디푸스는 라이오스 왕을 죽인 사람이 바로 자신임을 알게 되었다. 또 자신과 결혼한 이오카스테가 자신의 친어머니라는 사실도 알게 되었다. 이오카스테 역시 그 사실을 알게 되었다. 자신의 남편이 친아들임을 알게 된 이오카스테는 절망에 빠져 연못에 몸을 던졌다. 오이디푸스는 자신의 죄가 너무 커서 죽음으로도 씻을 수 없다는 사실을 깨닫고는 죽은 이오카스테의 브로치를 뽑아 자신의 두 눈을 찔러 스스로 장님이 되었다. 그리고는 딸 안티고네를 앞세우고 방랑길에 올랐다. 안티고네는 딸이지만 어머니를 기준으로 보면 동생이 된다.

한편 오이디푸스를 대신하여 왕위는 쌍둥이 아들이 1년씩 돌아가면서 맡기로 했다. 먼저 형인 에테오클래스가 왕이 되고, 동생 폴리네이케스는 이웃나라인 아르고스로 가서 그곳의 공주와 결혼하여 살았다. 1년이 되었을 때, 동생이 찾아와 왕위를 내놓으라고 하자 형은 거절했다. 화가 난 동생 폴리네이케스는 아르고스의 군대를 이끌고 테베로 쳐들어 왔다. 이 싸움에서 쌍둥이 형제는 서로가 죽이고 죽었다.

다시 비게 된 왕의 자리는 외삼촌 크레온이 차지했다. 크레온은 전왕이었던 조카 에테오클래스의 장례를 성대하게 치러 주었으나 동생 폴리네이케스에게는 반역죄를 씌워 들판에 짐승의 먹이로 던져 주었다. 그리고는 그의 장례를 치러 주는 자는 극형으로 다스리겠다는 엄명을 내렸다.

여기서 안티고네는 절망에 빠진다. 오빠의 시신이 들짐승의 먹이가 되는 것을 지켜보고만 있다는 것은 하늘의 법에 어긋나는 일이고, 오빠를 묻어 준다는 것은 나라의 법에 어긋나는 일이었기 때문이다. 결국 안티고네는 크레온의 명령은 인간의 법이지만 육친의 시신을 묻어 주는 것은 신의 법이라며 폴리네이케스의 시신을 매장해주었다. 그러나 크레온은 이를 용납할 수 없었다. 안티고네는 지하 감옥에 갇혀 죽을 날을 기다리고 있었다. 한편, 안티고네와 약혼한 사이였던 크레온의 아들 하에몬은 아버지에게 안티고네의 죄를 용서해달라고 빌었다.

"아버지, 안티고네가 비록 국법을 어겼지만 하늘의 법으로 보면 오빠의 시신을 땅에 묻어 주는 것이 어찌 잘못이란 말입니까?"

"네 이놈! 그렇게 예외를 둔다면 나라를 어떻게 다스린단 말이냐! 내일 당장 목을 베겠다!"

그러는 동안 안티고네는 지하 감옥에서 목을 매 죽었고, 하에몬 역시 안티고네의 시신 옆에서 칼을 뽑아 스스로를 찔렀다. 그 소식을 들은 하에몬의 어머니 역시 목숨을 끊었다. 모든 것을 한꺼번에 잃어버린 크레온 왕 역시 절망에 빠지고 만다는 이야기이다.

《오이디푸스 왕》은 그리스 디오니소스 비극 경연대회에서 18번 우승한 소포클래스의 작품으로 신탁에 도전하는 인간의 운명을 그린 내용이다. 도전할수록 신탁의 예언에 다가가지만 오이디푸스는 끝내 포기하지 않는다. 자신의 두 눈을 스스로 찌르는 장면은 신탁에 굴복하는 인간이 아니라 운명에 저항하는 인간의 모습일 것이다.

오이디푸스와 안티고네의 절망과 고뇌, 아마도 인간사에서 그보다 더한 비극은 그리 많지 않을 것이다. 안티고네의 고뇌는 인간의 법이냐, 하늘의 법이냐 하는 거대한 담론을 우리에게 던져주고 있다. 그리스 비극이 지금도 사랑받고 있는 이유이다.

**패턴으로
세상의 흐름을 읽다**

지은이 **이영직**
펴낸이 **이종록** 펴낸곳 **스마트비즈니스**
스태프 **이지혜, 형유라**
등록번호 제 313-2005-00129호 등록일 2005년 6월 18일
주소 서울시 마포구 성산동 293-1 201호
전화 02-336-1254 팩스 02-336-1257
이메일 smartbiz@sbpub.net
ISBN 979-11-85021-02-7 03300
초판 1쇄 발행 2013년 9월 2일
초판 3쇄 발행 2014년 12월 5일

플라스틱 용지, 포켓북으로 만든
'기막힌 아이디어 실용서!'

골프 분야 베스트 1위!

실수는 쑥!
실력은 쑥!
늘어나는
'실전 골프책!'

윈도우에서, 스크린에서, 필드에서 실수할 때마다 당신을 위한 '최고의 골프책!'

김기호 프로(어부비토) 지음
플라스틱 특별판
값 9,000원

등산 분야 베스트 1위!

코오롱등산학교 노하우가
'이 한 권의 책에!'

똑똑한 등산을 위한 대한산악연맹 등산교수, 원종민의 '실전 등산 교실!'

원종민 지음
(대한산악연맹 등산 교수)
플라스틱 특별판
값 8,500원

자전거 분야 베스트 1위!

자전거가
사람을 살리고,
세상을 치료한다!

바로 읽고 실천하는 실전 라이딩 '필수 상식'부터 자전거길 '베스트 7'까지!

김병훈 지음
플라스틱 특별판
값 8,500원

헬스 분야 스테디셀러!

헬스장에서
러닝머신만 하는
당신을 위한
'개인트레이너!'

비싼 개인 코치 없어도 다이어트와 몸짱에 성공하는 똑똑한 '신개념 헬스책!'

김성태 지음
(대한퍼스널트레이너협회 회장)
플라스틱 특별판
값 8,500원